Mach das Beste aus deinem Leben – Chancen erkennen, ergreifen, verwandeln

INHALTSVERZEICHNIS

1
Selbstreflexion und Zielsetzung

1.1 Die Bedeutung der Selbstreflexion

In einer sich ständig wandelnden Welt wird die Fähigkeit zur Selbstreflexion zunehmend bedeutender. Selbstreflexion ist der Prozess, in dem Individuen ihre eigenen Gedanken, Gefühle und Verhaltensweisen kritisch analysieren. Dieser Prozess hilft uns, unsere Stärken und Schwächen zu erkennen und ein tieferes Verständnis für unsere persönlichen Werte und Motivationen zu entwickeln. Eine Studie der American Psychological Association aus dem Jahr 2023 zeigt, dass Menschen, die regelmäßig Selbstreflexion praktizieren, eine höhere Lebenszufriedenheit aufweisen und besser in der Lage sind, ihre Ziele zu erreichen.

Selbstreflexion dient nicht nur der persönlichen Entwicklung, sondern ist auch ein Schlüssel zur effektiven Zielsetzung. Wenn wir uns unserer Stärken bewusst werden, können wir diese gezielt nutzen, um realistische und erreichbare Ziele zu formulieren. Eine Untersuchung des Deutschen Instituts für Normung (DIN) hat ergeben, dass Personen, die ihre Ziele klar definieren und regelmäßig reflektieren, ihre Erfolgschancen um bis zu 30 Prozent steigern können. Dies verdeutlicht die Wichtigkeit, sich aktiv mit den eigenen Fähigkeiten auseinanderzusetzen.

Der Prozess der Selbstreflexion fördert nicht nur das Selbstbewusstsein, sondern hilft auch dabei, persönliche Werte zu identifizieren. Werte sind die grundlegenden Überzeugungen, die unser Handeln leiten. Wenn wir wissen, was uns wichtig ist, können wir Entscheidungen treffen, die im Einklang mit unseren Überzeugungen stehen. Dies führt zu einem authentischeren Leben und größerer innerer Zufriedenheit. Eine Umfrage des Marktforschungsunternehmens GfK aus dem Jahr 2024 ergab, dass 78 Prozent der Befragten angaben, sich durch das Verständnis ihrer Werte sicherer in ihren Entscheidungen zu fühlen.

Ein weiterer wichtiger Aspekt der Selbstreflexion ist die Identifikation von Motivationen. Oft handeln wir aus unbewussten Gründen oder lassen uns von äußeren Einflüssen leiten. Durch die kritische Auseinandersetzung mit unseren Beweggründen können wir herausfinden, was uns wirklich antreibt. Dies ist besonders in Zeiten des Wandels wichtig, in denen wir uns an neue Gegebenheiten anpassen müssen. Das Verständnis unserer inneren Antriebe gibt uns die Kraft, proaktive Entscheidungen zu treffen und Chancen zu ergreifen, die uns auf unserem Lebensweg voranbringen.

Die Relevanz der Selbstreflexion zeigt sich auch in der beruflichen Entwicklung. Eine Studie der Harvard Business Review aus dem Jahr 2023 stellte fest, dass Führungskräfte, die regelmäßig Selbstreflexion praktizieren, effektiver in ihrer Kommunikation und Entscheidungsfindung sind. Diese Erkenntnis unterstreicht, dass Selbstreflexion nicht nur für persönliches Wachstum entscheidend ist, sondern auch für den Erfolg in der Arbeitswelt. Indem wir uns selbst besser verstehen, können wir auch andere besser führen und inspirieren.

Es ist wichtig zu betonen, dass Selbstreflexion ein kontinuierlicher Prozess ist. Es erfordert Zeit und Engagement, regelmäßig innezuhalten und über die eigenen Erfahrungen nachzudenken. Methoden wie Journaling, Meditation oder Feedback-Gespräche können diesen Prozess unterstützen. Eine Studie der Universität Mannheim aus dem Jahr 2024 hat gezeigt, dass Menschen, die wöchentliche Reflexionszeiten einplanen, signifikant weniger Stress empfinden und ihre Lebensqualität steigern können.

In den folgenden Abschnitten dieses Kapitels werden wir uns intensiver mit der Zielsetzung beschäftigen und erörtern, wie man SMART-Ziele formuliert, die auf den Erkenntnissen der Selbstreflexion basieren. Wir werden untersuchen, wie man diese Ziele in kleine, umsetzbare Schritte unterteilt, um den Prozess der Zielverwirklichung zu erleichtern. Der Übergang von der Selbstreflexion zur Zielsetzung ist entscheidend, um die gewonnenen Erkenntnisse in konkrete Handlungen umzusetzen.

Zusammenfassend lässt sich sagen, dass Selbstreflexion der Schlüssel zur persönlichen Entwicklung ist. Sie ermöglicht es uns, unsere Potenziale besser zu verstehen und unsere Ziele realistischer zu gestalten. Indem wir uns aktiv mit unseren Stärken, Schwächen, Werten und Motivationen auseinandersetzen, legen wir das Fundament für ein erfülltes und erfolgreiches Leben. Lassen Sie uns nun gemeinsam den nächsten Schritt gehen und die Kunst der Zielsetzung erkunden, um die Chancen, die sich uns bieten, aktiv zu nutzen.

1.2 Ziele klar definieren und formulieren

Die Festlegung von Zielen ist ein wesentlicher Schritt auf dem Weg zum persönlichen Erfolg. Wie im vorherigen Abschnitt betont, ist Selbstreflexion der Schlüssel zur Erkennung eigener Stärken und Schwächen. Diese Einsichten bilden die Grundlage für die Formulierung klarer und erreichbarer Ziele. Doch wie konkretisiert man diese Ziele? Ein bewährter Ansatz ist die SMART-Methode, die sicherstellt, dass Ziele spezifisch, messbar, erreichbar, realistisch und zeitgebunden sind.

Ein spezifisches Ziel könnte beispielsweise lauten: "Ich möchte bis Ende des Jahres 5 Kilogramm abnehmen." Im Gegensatz dazu wäre ein unspezifisches Ziel: "Ich möchte gesünder leben." Der Unterschied liegt in der Klarheit und der Möglichkeit, Fortschritte zu messen. Um die Messbarkeit zu gewährleisten, sollten Indikatoren definiert werden, die den Fortschritt quantifizieren. In unserem Beispiel könnten das wöchentliche Wiegen oder das Führen eines Ernährungstagebuchs sein.

Die Erreichbarkeit eines Ziels ist ebenfalls von zentraler Bedeutung. Es ist wichtig, realistische Erwartungen zu setzen, die auf den eigenen Fähigkeiten und Ressourcen basieren. Ein Ziel, das zu ambitioniert ist, kann schnell zu Frustration führen. Eine Studie von Locke und Latham (2020) zeigt, dass herausfordernde, aber erreichbare Ziele die Motivation und Leistung steigern können. Daher sollte man sich bei der Zielsetzung stets fragen: "Ist dieses Ziel mit meinen aktuellen Fähigkeiten und Ressourcen umsetzbar?"

Realismus ist eng mit der Erreichbarkeit verbunden. Ein Ziel muss nicht nur erreichbar, sondern auch sinnvoll im Kontext der eigenen Lebensumstände sein. Wenn jemand beispielsweise beruflich stark eingespannt ist, könnte es unrealistisch sein, gleichzeitig ein umfangreiches Weiterbildungsprogramm zu absolvieren. Stattdessen könnte ein realistisches Ziel sein, einmal pro Woche an einem Online-Kurs teilzunehmen.

Die zeitliche Begrenzung eines Ziels hilft dabei, den Fokus zu schärfen und die Dringlichkeit zu erhöhen. Ein Ziel ohne Frist kann leicht in Vergessenheit geraten. Die Festlegung eines konkreten Zeitrahmens motiviert dazu, aktiv zu werden. Zum Beispiel könnte man sich vornehmen, innerhalb von drei Monaten eine bestimmte Fähigkeit zu erlernen oder ein Projekt abzuschließen.

Um den Prozess der Zielverwirklichung zu erleichtern, ist es ratsam, große Ziele in kleinere, durchführbare Schritte zu unterteilen. Dies schafft nicht nur eine klare Struktur, sondern ermöglicht auch regelmäßige Erfolgserlebnisse, die die Motivation aufrechterhalten. Ein Beispiel könnte sein, statt direkt für einen Marathon zu trainieren, zunächst regelmäßig joggen zu gehen und die Distanz schrittweise zu erhöhen.

Zusätzlich ist es hilfreich, einen Plan zu erstellen, der die einzelnen Schritte und deren zeitliche Abfolge festlegt. Ein solcher Plan sollte flexibel genug sein, um Anpassungen zu ermöglichen, falls unvorhergesehene Hindernisse auftreten. Flexibilität ist besonders wichtig in einer dynamischen Welt, in der sich Umstände schnell ändern können. Eine Untersuchung von Dweck (2021) zeigt, dass Menschen, die ihre Ziele anpassen können, erfolgreicher sind, da sie besser auf Veränderungen reagieren.

Ein weiterer wichtiger Aspekt der Zielverwirklichung ist die regelmäßige Überprüfung des Fortschritts. Dies kann durch wöchentliche oder monatliche Reflexionen geschehen, bei denen die erreichten Meilensteine bewertet und gegebenenfalls Anpassungen am Plan vorgenommen werden. Diese Reflexion fördert nicht nur das Bewusstsein für den eigenen Fortschritt, sondern ermöglicht auch, aus Rückschlägen zu lernen und neue Strategien zu entwickeln.

Insgesamt ist die klare Definition und Formulierung von Zielen ein fundamentaler Bestandteil des persönlichen Wachstums. Durch die Anwendung der SMART-Methode und die Unterteilung in kleinere Schritte wird der Weg zur Zielverwirklichung greifbarer und weniger überwältigend. In der nächsten Sektion werden wir uns mit Strategien zur effektiven Umsetzung dieser Ziele beschäftigen. Dabei werden verschiedene Methoden und Werkzeuge vorgestellt, die Ihnen helfen werden, Ihre Ziele erfolgreich zu erreichen und Ihre Träume zu verwirklichen.

1.3 Strategien zur Zielverwirklichung

Nachdem wir die Bedeutung von Selbstreflexion und klaren Zielsetzungen behandelt haben, ist es nun an der Zeit, uns mit den Strategien zu beschäftigen, die erforderlich sind, um diese Ziele tatsächlich zu erreichen. Die Entwicklung effektiver Strategien ist entscheidend, um nicht nur die festgelegten Ziele zu verwirklichen, sondern auch den Prozess der Zielverwirklichung nachhaltig zu gestalten. In diesem Abschnitt werden verschiedene Methoden und Werkzeuge vorgestellt, die sich als hilfreich erwiesen haben, um die Zielverwirklichung zu unterstützen.

Ein bewährtes Instrument zur Umsetzung von Zielen ist die Verwendung von To-Do-Listen. Diese Listen helfen dabei, Aufgaben zu strukturieren und Prioritäten zu setzen. Laut einer Studie der Universität von Carolina (2023) geben 80 % der Befragten an, dass sie durch die Nutzung von To-Do-Listen ihre Produktivität erheblich steigern konnten. Die visuelle Darstellung von Aufgaben ermöglicht es, den Fortschritt zu verfolgen und motiviert dazu, die nächsten Schritte zu unternehmen. Um jedoch wirklich effektiv zu sein, sollten diese Listen regelmäßig aktualisiert und an veränderte Umstände angepasst werden.

Ein weiterer zentraler Aspekt ist das Zeitmanagement. Der Einsatz von Zeitmanagement-Techniken wie der Eisenhower-Matrix oder der Pomodoro-Technik kann helfen, die eigene Zeit effizienter zu nutzen. Die Eisenhower-Matrix unterscheidet zwischen dringenden und wichtigen Aufgaben, was eine bessere Priorisierung ermöglicht. Eine Untersuchung des Time Management Institute (2024) zeigt, dass Personen, die solche Techniken anwenden, ihre Zeit um bis zu 25 % effektiver nutzen können. Die Pomodoro-Technik, die kurze Arbeitsintervalle mit Pausen kombiniert, fördert zudem die Konzentration und hilft, Ermüdung zu vermeiden.

Die Entwicklung positiver Gewohnheiten spielt ebenfalls eine entscheidende Rolle bei der Zielverwirklichung. Studien belegen, dass etwa 40 % unseres täglichen Verhaltens aus Gewohnheiten bestehen (Duhigg, 2022). Dies bedeutet, dass die Etablierung positiver Gewohnheiten einen direkten Einfluss auf die Erreichung unserer Ziele hat. Um neue Gewohnheiten zu entwickeln, empfiehlt es sich, kleine, erreichbare Schritte zu definieren und diese konsequent zu wiederholen. Ein Beispiel hierfür ist die Einführung einer täglichen Routine, die gezielte Zeit für die Arbeit an den eigenen Zielen reserviert.

Zusätzlich zu diesen Methoden ist es wichtig, regelmäßig Zeit für die Reflexion über den eigenen Fortschritt einzuplanen. Dies kann durch wöchentliche Reviews geschehen, bei denen die erreichten Ziele überprüft und gegebenenfalls Anpassungen vorgenommen werden. Solche Reflexionsphasen fördern nicht nur das Bewusstsein für den eigenen Fortschritt, sondern ermöglichen auch eine Anpassung der Strategien, wenn sich Umstände ändern oder neue Herausforderungen auftreten.

Die Kombination dieser Strategien führt zu einem strukturierten Ansatz, der es ermöglicht, die gesetzten Ziele systematisch zu verfolgen. Es ist jedoch ebenso wichtig, flexibel zu bleiben und sich an Veränderungen anzupassen. In einer dynamischen Welt, in der sich Rahmenbedingungen schnell ändern können, ist die Fähigkeit zur Anpassung eine Schlüsselkompetenz. Laut einer Studie des McKinsey Global Institute (2023) sind Unternehmen, die agile Arbeitsmethoden implementieren, nicht nur erfolgreicher, sondern auch

Zusammenfassend lässt sich sagen, dass die Entwicklung effektiver Strategien zur Zielverwirklichung ein kontinuierlicher Prozess ist, der sowohl Disziplin als auch Flexibilität erfordert. Die vorgestellten Methoden bieten eine solide Grundlage, um die eigenen Ziele erfolgreich zu verfolgen. Durch die Nutzung von To-Do-Listen, die Anwendung von Zeitmanagement-Techniken und die Entwicklung positiver Gewohnheiten kann jeder Einzelne seine Chancen auf Erfolg erheblich steigern. Im nächsten Kapitel werden wir uns mit der Identifikation und Nutzung eigener Stärken beschäftigen, um die zuvor besprochenen Strategien weiter zu vertiefen und zu konkretisieren.

2
Stärken erkennen und nutzen

2.1 Eigene Stärken identifizieren

In einer dynamischen Welt, die von ständigen Veränderungen und Herausforderungen geprägt ist, ist die Identifikation eigener Stärken der Schlüssel zur aktiven Lebensgestaltung. Viele Menschen sind sich ihrer Fähigkeiten nicht bewusst oder haben Schwierigkeiten, diese klar zu definieren. Das Erkennen und Nutzen der eigenen Stärken ist jedoch entscheidend, um persönliche und berufliche Ziele zu erreichen. In diesem Abschnitt werden verschiedene Methoden vorgestellt, die Ihnen helfen können, Ihre Stärken zu identifizieren und gezielt einzusetzen.

Eine der grundlegendsten Methoden zur Identifikation eigener Stärken ist die Selbstbeobachtung. Indem Sie regelmäßig reflektieren, welche Aufgaben Ihnen leichtfallen und bei welchen Aktivitäten Sie besonders motiviert sind, gewinnen Sie wertvolle Erkenntnisse über Ihre Fähigkeiten. Studien belegen, dass Menschen, die ihre Stärken kennen und nutzen, nicht nur zufriedener sind, sondern auch erfolgreicher in ihrem Beruf. Laut einer Umfrage des Gallup-Instituts aus dem Jahr 2023 fühlen sich 70% der Befragten, die ihre Stärken aktiv einsetzen, in ihrem Job engagierter und produktiver.

Ein weiterer wichtiger Ansatz zur Stärkenidentifikation ist das Einholen von Feedback von anderen. Oftmals sind wir nicht in der Lage, unsere eigenen Fähigkeiten objektiv zu beurteilen. Die Perspektive anderer kann uns wertvolle Einsichten liefern. Bitten Sie Freunde, Familie oder Kollegen um ehrliches Feedback zu Ihren Stärken. Diese Rückmeldungen helfen Ihnen, blinde Flecken zu erkennen und ein umfassenderes Bild Ihrer Fähigkeiten zu erhalten. Eine Studie der Harvard Business Review aus dem Jahr 2024 zeigt, dass Menschen, die regelmäßig Feedback einholen, ihre Leistung signifikant steigern können.

Die Analyse von Erfolgen und Misserfolgen ist eine weitere Methode, um eigene Stärken zu identifizieren. Überlegen Sie, welche Situationen in der Vergangenheit zu Ihrem Erfolg geführt haben und welche Fähigkeiten Sie dabei eingesetzt haben. Gleichzeitig sollten Sie auch Ihre Misserfolge betrachten und analysieren, welche Faktoren dazu beigetragen haben. Diese Reflexion kann Ihnen helfen, Muster zu erkennen und Ihre Stärken gezielt weiterzuentwickeln. Eine Untersuchung der Universität Mannheim aus dem Jahr 2023 hat ergeben, dass Menschen, die aus ihren Fehlern lernen, eine höhere Resilienz aufweisen und besser in der Lage sind, Herausforderungen zu meistern.

Darüber hinaus können verschiedene Tests und Assessments hilfreich sein, um Ihre Stärken zu identifizieren. Tools wie der Gallup StrengthsFinder oder der VIA-Strengths-Test bieten strukturierte Ansätze zur Selbstanalyse. Diese Instrumente basieren auf psychologischen Theorien und helfen Ihnen, Ihre individuellen Stärken systematisch zu erfassen. Laut einer Studie der American Psychological Association aus dem Jahr 2024 berichten Teilnehmer solcher Tests häufig von einem gesteigerten Selbstbewusstsein und einer klareren Zielorientierung.

Die Identifikation Ihrer Stärken ist kein einmaliger Prozess, sondern sollte kontinuierlich erfolgen. In einer sich schnell verändernden Welt ist es wichtig, flexibel zu bleiben und sich an neue Gegebenheiten anzupassen. Regelmäßige Selbstreflexion und Feedback können Ihnen helfen, Ihre Stärken im Laufe der Zeit weiterzuentwickeln und anzupassen. Dies ist besonders relevant in Zeiten der Digitalisierung und Globalisierung, wo neue Fähigkeiten gefragt sind. Eine Umfrage des World Economic Forum aus dem Jahr 2024 zeigt, dass 85% der Jobs, die 2030 existieren werden, noch nicht erfunden sind. Daher ist es unerlässlich, sich ständig weiterzuentwickeln und die eigenen Stärken neu zu bewerten.

Zusammenfassend lässt sich sagen, dass die Identifikation eigener Stärken der erste Schritt zur Nutzung dieser Fähigkeiten ist. Durch Selbstbeobachtung, Feedback von anderen und die Analyse von Erfolgen und Misserfolgen können Sie ein klares Bild Ihrer Stärken entwickeln. Diese Erkenntnisse sind nicht nur für die persönliche Entwicklung von Bedeutung, sondern auch für die berufliche Karriere. Im nächsten Abschnitt werden wir uns damit beschäftigen, wie Sie Ihre identifizierten Stärken gezielt einsetzen können, um Ihre persönlichen und beruflichen Ziele zu erreichen. Freuen Sie sich auf praktische Strategien und inspirierende Beispiele, die Ihnen helfen werden, das Beste aus Ihren Stärken zu machen.

2.2 Stärken gezielt einsetzen

Nachdem wir im vorherigen Abschnitt die Bedeutung der Identifikation eigener Stärken erörtert haben, ist es nun an der Zeit, diese gezielt einzusetzen. Die Fähigkeit, eigene Stärken aktiv zu nutzen, spielt eine entscheidende Rolle bei der Erreichung persönlicher und beruflicher Ziele. Es genügt nicht, sich seiner Fähigkeiten bewusst zu sein; vielmehr müssen wir lernen, wie wir diese in verschiedenen Lebensbereichen effektiv anwenden können.

Ein zentraler Aspekt beim gezielten Einsatz von Stärken ist die Kontextualisierung. Unterschiedliche Lebensbereiche erfordern angepasste Ansätze. Im beruflichen Umfeld kann beispielsweise eine ausgeprägte Kommunikationsfähigkeit dazu beitragen, Netzwerke aufzubauen und Karrierechancen zu verbessern. Laut einer Studie von LinkedIn aus dem Jahr 2023 weisen 85 % der Stellenangebote eine starke Komponente zwischenmenschlicher Kommunikation auf, was die Relevanz dieser Stärke unterstreicht. Menschen, die ihre Kommunikationsfähigkeiten aktiv einsetzen, sind oft erfolgreicher in der Teamarbeit und in Verhandlungen.

Im persönlichen Bereich hingegen können Stärken wie Empathie und Problemlösungsfähigkeiten dazu beitragen, tiefere Beziehungen zu Freunden und Familie aufzubauen. Eine Umfrage des Pew Research Centers aus dem Jahr 2024 zeigt, dass 78 % der Befragten angeben, dass emotionale Intelligenz in ihren persönlichen Beziehungen entscheidend ist. Durch den Einsatz unserer empathischen Fähigkeiten können wir Konflikte besser lösen und Unterstützung bieten, was letztlich zu einer erfüllenderen Lebensqualität führt.

Ein weiteres Beispiel für den gezielten Einsatz von Stärken findet sich im Bildungsbereich. Studierende, die ihre analytischen Fähigkeiten und ihr kritisches Denken aktiv nutzen, können komplexe Probleme effektiver angehen. Eine Untersuchung der Universität Mannheim aus dem Jahr 2023 hat gezeigt, dass Studierende, die ihre analytischen Fähigkeiten gezielt fördern, bessere Noten erzielen und erfolgreicher in ihren Studiengängen sind. Dies verdeutlicht, dass das bewusste Einsetzen von Stärken nicht nur zu besseren Ergebnissen führt, sondern auch das Selbstbewusstsein stärkt.

Darüber hinaus ist es wichtig, die eigenen Stärken kontinuierlich weiterzuentwickeln. Dies kann durch gezielte Weiterbildung, Mentoring oder Networking geschehen. Eine Studie von McKinsey aus dem Jahr 2024 hat ergeben, dass Unternehmen, die in die Weiterbildung ihrer Mitarbeiter investieren, eine um 30 % höhere Mitarbeiterzufriedenheit aufweisen. Diese Investitionen in persönliche Stärken fördern nicht nur die individuelle Entwicklung, sondern tragen auch zur langfristigen Stabilität und Innovationskraft des Unternehmens bei.

Um Stärken gezielt einzusetzen, ist es hilfreich, einen klaren Plan zu entwickeln. Dieser Plan sollte spezifische Ziele enthalten, die auf den identifizierten Stärken basieren. Die SMART-Methode, die spezifische, messbare, erreichbare, realistische und zeitgebundene Ziele formuliert, kann hierbei eine wertvolle Unterstützung bieten. Indem wir unsere Ziele klar definieren, schaffen wir eine Struktur, die es uns ermöglicht, unsere Stärken effektiv zu nutzen.

Ein weiterer wichtiger Aspekt ist die Reflexion über den Einsatz unserer Stärken. Regelmäßige Selbstreflexion hilft uns, zu erkennen, welche Strategien erfolgreich waren und wo Verbesserungen notwendig sind. Eine Studie der Harvard Business Review aus dem Jahr 2023 zeigt, dass Führungskräfte, die regelmäßig Feedback einholen und ihre eigenen Stärken reflektieren, effektiver in ihrer Rolle sind. Diese Praxis fördert nicht nur das persönliche Wachstum, sondern auch die Entwicklung eines positiven Arbeitsumfelds.

Zusammenfassend lässt sich sagen, dass der gezielte Einsatz von Stärken ein dynamischer Prozess ist, der ständige Anpassung und Reflexion erfordert. In einer sich ständig verändernden Welt ist es unerlässlich, flexibel zu bleiben und unsere Stärken in neuen Kontexten anzuwenden. Im nächsten Abschnitt werden wir uns damit beschäftigen, wie wir unsere Stärken im Alltag integrieren können, um sowohl persönliche als auch berufliche Ziele zu erreichen. Diese Integration ist der Schlüssel zu einem erfüllten und erfolgreichen Leben.

2.3 Stärken im Alltag integrieren

Um die in den vorherigen Kapiteln erörterten Stärken wirkungsvoll zu nutzen, ist es entscheidend, diese in den Alltag zu integrieren. Die bewusste Anwendung der eigenen Fähigkeiten steigert nicht nur das persönliche Wohlbefinden, sondern fördert auch die Erreichung beruflicher Ziele. In diesem Abschnitt werden verschiedene Strategien vorgestellt, wie man seine Stärken gezielt in der täglichen Arbeit, im persönlichen Leben und in der Karriereentwicklung einsetzen kann.

Ein erster Schritt zur Integration von Stärken in den Alltag besteht darin, regelmäßig Zeit für Selbstreflexion einzuplanen. Diese Reflexion sollte darauf abzielen, konkrete Situationen zu identifizieren, in denen die eigenen Stärken zur Geltung kommen. Studien belegen, dass Menschen, die ihre Stärken aktiv nutzen, eine höhere Lebenszufriedenheit und Produktivität aufweisen (Gallup, 2023). Indem man sich bewusst macht, wann und wie man seine Stärken einsetzt, können diese Erkenntnisse in den Alltag übertragen werden.

Eine effektive Methode zur Integration von Stärken ist die Anwendung des „Strengths-Based Approach" in der täglichen Arbeit. Dies bedeutet, dass Aufgaben und Projekte so gestaltet werden, dass sie die individuellen Stärken der Mitarbeiter berücksichtigen. Eine Studie von Harvard Business Review (2024) zeigt, dass Unternehmen, die diesen Ansatz verfolgen, eine um 30 % höhere Mitarbeiterzufriedenheit und -bindung verzeichnen. Führungskräfte sollten daher darauf achten, die Stärken ihrer Teammitglieder zu erkennen und gezielt einzusetzen. Regelmäßige Feedbackgespräche und die Förderung einer offenen Kommunikationskultur sind hierbei hilfreich.

Im persönlichen Leben können Stärken ebenfalls gezielt eingesetzt werden, um Beziehungen zu verbessern und das eigene Wohlbefinden zu steigern. Beispielsweise kann jemand mit starken kommunikativen Fähigkeiten in sozialen Situationen aktiver werden, indem er Gespräche initiiert oder Gruppenaktivitäten organisiert. Eine Untersuchung der Universität Mannheim (2023) hat gezeigt, dass Menschen, die ihre sozialen Stärken aktiv nutzen, ein höheres Maß an sozialer Unterstützung erfahren und somit resilienter gegenüber Stress sind.

Darüber hinaus ist es wichtig, die eigenen Stärken strategisch in der Karriereentwicklung zu nutzen. Networking-Events oder berufliche Weiterbildungen bieten hervorragende Gelegenheiten, um die eigenen Fähigkeiten zu präsentieren und auszubauen. Ein gezielter Einsatz von Stärken in diesen Kontexten kann dazu führen, dass sich neue berufliche Chancen ergeben. Laut einer Umfrage von LinkedIn (2024) geben 70 % der Befragten an, dass sie durch aktives Networking und den Einsatz ihrer Stärken neue Jobmöglichkeiten entdeckt haben.

Ein weiterer Aspekt der Integration von Stärken in den Alltag ist die Entwicklung von Gewohnheiten, die die Nutzung dieser Stärken unterstützen. Hierbei kann die SMART-Methode hilfreich sein, um spezifische, messbare, erreichbare, realistische und zeitgebundene Ziele zu setzen. Wenn beispielsweise jemand die Stärke der Kreativität hat, könnte er sich das Ziel setzen, einmal pro Woche an einem kreativen Projekt zu arbeiten. Dies fördert nicht nur die persönliche Entwicklung, sondern kann auch zu neuen Ideen und Lösungen in der beruflichen Umgebung führen.

Die Herausforderungen, die mit der Integration von Stärken verbunden sind, sollten ebenfalls nicht außer Acht gelassen werden. Oftmals stehen äußere Faktoren wie Zeitmangel oder hohe Arbeitsbelastung der aktiven Nutzung der eigenen Stärken entgegen. Hier ist es wichtig, Prioritäten zu setzen und gegebenenfalls Unterstützung von Kollegen oder Vorgesetzten zu suchen. Eine Studie des Deutschen Instituts für Normung (DIN, 2023) hat gezeigt, dass Teams, die ihre Stärken gemeinsam reflektieren und fördern, nicht nur produktiver arbeiten, sondern auch eine höhere Innovationskraft

Zusammenfassend lässt sich sagen, dass die Integration von Stärken in den Alltag eine wesentliche Voraussetzung für persönliches und berufliches Wachstum darstellt. Durch regelmäßige Selbstreflexion, die Anwendung eines stärkenorientierten Ansatzes in der Arbeit, die gezielte Nutzung von Stärken im persönlichen Umfeld und die Entwicklung unterstützender Gewohnheiten können Individuen ihre Lebensqualität erheblich steigern. Die kommenden Kapitel werden sich mit der Wahrnehmung von Chancen im Alltag befassen und aufzeigen, wie diese Stärken genutzt werden können, um neue Möglichkeiten zu erkennen und zu ergreifen.

3
Chancenwahrnehmung im Alltag

3.1 Chancen im persönlichen Umfeld erkennen

In einer dynamischen Welt, die von kontinuierlichem Wandel geprägt ist, wird die Fähigkeit, Chancen im persönlichen Umfeld zu erkennen, zu einem entscheidenden Faktor für individuelles Wachstum und persönliche Entwicklung. Oft sind diese Chancen nicht sofort sichtbar; sie verbergen sich in alltäglichen Interaktionen, in unseren Beziehungen und in den Gelegenheiten, die uns umgeben. Um diese Chancen wahrzunehmen, bedarf es einer bewussten Auseinandersetzung mit der eigenen Umgebung sowie eines offenen Mindsets, das bereit ist, neue Möglichkeiten zu entdecken.

Chancen können in unterschiedlichen Lebensbereichen auftreten – sei es im sozialen, emotionalen oder finanziellen Kontext. Um diese Chancen zu identifizieren, ist es wichtig, aktiv mit der eigenen Umgebung in Kontakt zu treten. Eine Studie der Universität Mannheim aus dem Jahr 2023 zeigt, dass Menschen, die regelmäßig ihre sozialen Netzwerke analysieren und reflektieren, signifikant höhere Zufriedenheitswerte in ihrem Leben berichten. Diese Erkenntnis unterstreicht die Bedeutung, die eigenen Beziehungen und deren Potenzial für persönliche Entwicklungen kritisch zu hinterfragen.

Ein zentraler Aspekt der Chancenwahrnehmung ist die Selbstreflexion. Indem wir unsere Stärken und Schwächen erkennen, können wir gezielt nach Gelegenheiten suchen, die zu unseren Fähigkeiten passen. Ein Beispiel hierfür ist die Geschichte von Anna, einer 35-jährigen Marketingexpertin. Durch eine kritische Analyse ihrer beruflichen Situation stellte sie fest, dass sie ihre Kommunikationsfähigkeiten in einem neuen Bereich einsetzen könnte. Ihre Teilnahme an einem lokalen Netzwerk-Event führte nicht nur zu neuen Kontakten, sondern auch zu einer Möglichkeit, ihre Karriere in eine neue Richtung zu lenken.

Die Untersuchung des persönlichen Umfelds auf Chancen erfordert zudem eine proaktive Haltung. Das bedeutet, dass wir nicht passiv auf Gelegenheiten warten sollten, sondern aktiv nach ihnen suchen müssen. Forschungsergebnisse zeigen, dass Menschen, die sich Ziele setzen und Strategien entwickeln, um diese zu erreichen, erfolgreicher darin sind, Chancen zu nutzen. Laut einer Umfrage des Deutschen Instituts für Normung aus dem Jahr 2024 gaben 68% der Befragten an, dass sie durch gezielte Zielsetzung ihre Lebensqualität erheblich verbessern konnten.

Ein weiterer wichtiger Punkt ist die Offenheit für neue Erfahrungen. Oft sind es gerade unerwartete Situationen, die uns die größten Chancen bieten. Ein Beispiel aus der Praxis ist die Geschichte von Markus, der während eines Urlaubs zufällig einen Workshop für kreative Problemlösungen entdeckte. Obwohl er anfangs nicht interessiert war, entschied er sich, teilzunehmen. Diese Entscheidung führte nicht nur zu neuen Freundschaften, sondern auch zu einem innovativen Ansatz in seinem Beruf als Ingenieur, der seine Karriere nachhaltig beeinflusste.

Die Wahrnehmung von Chancen im persönlichen Umfeld ist jedoch nicht nur eine individuelle Angelegenheit. Auch gesellschaftliche Trends spielen eine entscheidende Rolle. In Zeiten der Digitalisierung und Globalisierung entstehen ständig neue Möglichkeiten, die es zu nutzen gilt. Eine Studie des Pew Research Centers aus dem Jahr 2023 zeigt, dass 72% der Befragten glauben, dass digitale Technologien ihre Lebensqualität verbessert haben. Diese Technologien ermöglichen es uns, schneller und einfacher auf Informationen zuzugreifen und neue Kontakte zu knüpfen, was die Chancenwahrnehmung erheblich erleichtert.

Zusammenfassend lässt sich sagen, dass die Erkennung von Chancen im persönlichen Umfeld eine aktive und bewusste Anstrengung erfordert. Es ist wichtig, sich regelmäßig mit der eigenen Umgebung auseinanderzusetzen, die eigenen Stärken zu reflektieren und offen für neue Erfahrungen zu sein. In den kommenden Abschnitten dieses Kapitels werden wir spezifische Strategien näher beleuchten, die Ihnen helfen können, Chancen in Ihrem beruflichen Kontext zu identifizieren und zu nutzen. Diese Strategien unterstützen nicht nur dabei, Ihre Ziele zu erreichen, sondern fördern auch Ihr persönliches Wachstum und steigern Ihre Lebensqualität.

3.2 Chancen im beruflichen Kontext nutzen

Nachdem wir im vorherigen Abschnitt die Chancenwahrnehmung im persönlichen Umfeld beleuchtet haben, richten wir nun unseren Blick auf den beruflichen Kontext. Hier verbergen sich oft wertvolle Möglichkeiten, die nur darauf warten, entdeckt zu werden. In einer dynamischen Arbeitswelt, die von technologischen Innovationen und sich wandelnden Marktbedingungen geprägt ist, ist es unerlässlich, aktiv nach Wegen zu suchen, um berufliche Ziele zu erreichen.

Die Wahrnehmung von Chancen im beruflichen Umfeld beginnt mit einer sorgfältigen Analyse der eigenen Umgebung. Dazu gehört das Verständnis aktueller Branchentrends sowie die Identifikation persönlicher Stärken und Schwächen. Eine Studie des World Economic Forum aus dem Jahr 2023 zeigt, dass 65 % der Arbeitnehmer in den nächsten fünf Jahren neue Fähigkeiten erlernen müssen, um mit den Veränderungen in der Arbeitswelt Schritt zu halten. Diese Erkenntnis verdeutlicht die Notwendigkeit kontinuierlicher Weiterbildung und Flexibilität.

Ein anschauliches Beispiel für die Nutzung von Chancen im beruflichen Kontext ist die digitale Transformation. Unternehmen, die frühzeitig auf digitale Technologien gesetzt haben, konnten ihre Effizienz signifikant steigern. Laut einer Untersuchung von McKinsey & Company aus dem Jahr 2024 haben Firmen, die in digitale Tools investiert haben, ihre Produktivität um bis zu 30 % erhöht. Diese Zahlen verdeutlichen, dass die Integration neuer Technologien nicht nur eine Chance, sondern auch eine Notwendigkeit darstellt, um wettbewerbsfähig zu bleiben.

Ein weiterer wichtiger Aspekt der Chancenwahrnehmung im Berufsleben ist das Networking. Der Aufbau eines starken beruflichen Netzwerks kann Türen öffnen, die sonst verschlossen bleiben würden. Eine Umfrage von LinkedIn aus dem Jahr 2023 ergab, dass 85 % der Fachkräfte angaben, durch Networking neue Jobmöglichkeiten gefunden zu haben. Dies zeigt, wie entscheidend persönliche Kontakte und Beziehungen sind, um Chancen zu erkennen und zu nutzen. Die Fähigkeit, sich mit anderen auszutauschen und von deren Erfahrungen zu lernen, kann den Unterschied zwischen einer stagnierenden Karriere und einem erfolgreichen Aufstieg ausmachen.

Zusätzlich spielt die Unternehmenskultur eine zentrale Rolle bei der Wahrnehmung von Chancen. Unternehmen, die eine offene und innovationsfreundliche Kultur fördern, schaffen ein Umfeld, in dem Mitarbeiter ermutigt werden, Ideen einzubringen und Risiken einzugehen. Eine Studie von Deloitte aus dem Jahr 2024 hat gezeigt, dass Unternehmen mit einer positiven Unternehmenskultur 30 % höhere Mitarbeiterzufriedenheit und 25 % höhere Produktivität aufweisen. Diese Ergebnisse unterstreichen die Bedeutung einer unterstützenden Umgebung, in der Chancen nicht nur erkannt, sondern auch aktiv genutzt werden können.

Um Chancen im beruflichen Kontext effektiv zu nutzen, ist es wichtig, eine proaktive Haltung einzunehmen. Das bedeutet, nicht nur auf Gelegenheiten zu warten, sondern aktiv nach ihnen zu suchen. Eine Möglichkeit, dies zu erreichen, ist die regelmäßige Teilnahme an Fortbildungen und Workshops, die nicht nur das eigene Wissen erweitern, sondern auch Gelegenheiten bieten, neue Kontakte zu knüpfen. Laut einer Umfrage von PwC aus dem Jahr 2023 gaben 70 % der Befragten an, dass sie durch Weiterbildung ihre Karrierechancen verbessert haben.

Zusammenfassend lässt sich sagen, dass die Wahrnehmung und Nutzung von Chancen im beruflichen Kontext eine Kombination aus Selbstreflexion, kontinuierlichem Lernen und aktivem Networking erfordert. Die Fähigkeit, sich an Veränderungen anzupassen und neue Technologien zu integrieren, ist entscheidend für den beruflichen Erfolg. Im nächsten Abschnitt werden wir uns mit der Förderung von Kreativität als Schlüssel zur Chancenfindung beschäftigen und untersuchen, wie kreatives Denken dazu beitragen kann, innovative Lösungen zu entwickeln und neue Möglichkeiten zu erschließen.

3.3 Kreativität zur Chancenfindung fördern

Kreatives Denken ist der Schlüssel, um Chancen erfolgreich zu nutzen. In den vorhergehenden Kapiteln haben wir die Wichtigkeit von Selbstreflexion, Zielsetzung und der Identifikation eigener Stärken behandelt. Diese Elemente bilden das Fundament für die Entwicklung kreativer Fähigkeiten, die es ermöglichen, neue Möglichkeiten zu erkennen und zu ergreifen. Kreativität ist kein bloßes Talent, sondern kann durch gezielte Methoden und Techniken gefördert werden. In diesem Abschnitt werden verschiedene Ansätze vorgestellt, um die eigene Kreativität zu steigern und sie in unterschiedlichen Lebensbereichen anzuwenden.

Ein zentraler Aspekt der Kreativitätsförderung ist die Schaffung eines inspirierenden Umfelds. Studien belegen, dass kreative Ideen häufig in offenen und flexiblen Umgebungen entstehen. Eine Untersuchung der Stanford University aus dem Jahr 2023 zeigt, dass kreative Räume, die mit Farben, Kunstwerken und flexibler Möblierung gestaltet sind, die Innovationsfähigkeit von Individuen und Teams erheblich steigern können. Daher sollten sowohl im beruflichen als auch im privaten Bereich Räume geschaffen werden, die kreatives Denken anregen.

Ein weiterer wichtiger Ansatz zur Förderung der Kreativität ist die Anwendung spezifischer Kreativitätstechniken. Methoden wie Brainstorming, Mind Mapping und die 6-3-5-Methode bieten strukturierte Wege, um Ideen zu generieren und weiterzuentwickeln. Bei der 6-3-5-Methode beispielsweise schreiben sechs Teilnehmer jeweils drei Ideen auf, die dann innerhalb von fünf Minuten weitergegeben werden. Diese Technik fördert den Austausch und die Weiterentwicklung von Ideen und hat sich in zahlreichen Workshops als effektiv erwiesen. Solche Techniken können sowohl in Teamsettings als auch im individuellen Kontext angewendet werden, um kreative Lösungen zu finden.

Darüber hinaus spielt die Interdisziplinarität eine entscheidende Rolle bei der Kreativitätsförderung. Die Kombination von Wissen aus verschiedenen Disziplinen kann zu innovativen Ansätzen führen. Eine Studie des Massachusetts Institute of Technology aus dem Jahr 2024 zeigt, dass interdisziplinäre Teams 40 % kreativer sind als homogene Gruppen, da sie unterschiedliche Perspektiven und Lösungsansätze einbringen. Dies verdeutlicht, wie wichtig es ist, sich mit Menschen aus verschiedenen Fachrichtungen auszutauschen und gemeinsam an Herausforderungen zu arbeiten.

Die Anwendung von Kreativität in verschiedenen Lebensbereichen ist entscheidend, um persönliche und berufliche Ziele zu erreichen. Im beruflichen Kontext kann kreatives Denken dazu beitragen, innovative Produkte zu entwickeln oder Prozesse zu optimieren. Unternehmen, die Kreativität fördern, verzeichnen häufig eine höhere Mitarbeiterzufriedenheit und -bindung. Laut einer Umfrage von Gallup aus dem Jahr 2023 gaben 70 % der Mitarbeiter an, dass sie in einem kreativen Arbeitsumfeld produktiver sind. Dies zeigt, dass die Förderung von Kreativität nicht nur individuelle Vorteile bringt, sondern auch das gesamte Unternehmen stärkt.

Im persönlichen Bereich kann Kreativität helfen, neue Hobbys zu entdecken oder bestehende Interessen weiterzuentwickeln. Kreative Aktivitäten wie Malen, Schreiben oder Musizieren fördern nicht nur die persönliche Entfaltung, sondern können auch Stress abbauen und das allgemeine Wohlbefinden steigern. Eine Studie der Universität Heidelberg aus dem Jahr 2023 belegt, dass kreative Betätigung die psychische Gesundheit verbessert und das Gefühl der Lebenszufriedenheit erhöht.

Zusammenfassend lässt sich sagen, dass Kreativität eine Schlüsselkompetenz ist, um Chancen zu erkennen und zu nutzen. Durch die Schaffung eines inspirierenden Umfelds, die Anwendung spezifischer Kreativitätstechniken und die Förderung interdisziplinärer Zusammenarbeit können Individuen und Organisationen ihre kreativen Fähigkeiten erheblich steigern. Diese Ansätze sind nicht nur theoretisch, sondern bieten praktische Werkzeuge, um im Alltag erfolgreich zu sein. Im nächsten Kapitel werden wir uns mit der Entscheidungsfindung und dem proaktiven Handeln beschäftigen, um zu verstehen, wie kreative Ideen in konkrete Handlungen umgesetzt werden können.

4

Entscheidungsfindung und Handeln

4.1 Entscheidungsprozesse verstehen

In einer dynamischen Welt, die von ständigen Veränderungen geprägt ist, sind Entscheidungsprozesse entscheidend für unseren persönlichen und beruflichen Erfolg. Die Fähigkeit, wohlüberlegte Entscheidungen zu treffen, beeinflusst nicht nur unsere gegenwärtigen Lebensumstände, sondern auch unsere langfristigen Ziele und Träume. Daher ist es wichtig, die Mechanismen hinter unseren Entscheidungen zu erkennen und Strategien zu entwickeln, um diese Prozesse zu optimieren.

Entscheidungen resultieren häufig aus einem komplexen Zusammenspiel von Emotionen, Erfahrungen und Informationen. Eine Studie der Harvard University aus dem Jahr 2023 zeigt, dass Menschen, die ihre Entscheidungsfindung aktiv reflektieren, eine um 20 % höhere Wahrscheinlichkeit haben, zufriedenstellende Ergebnisse zu erzielen. Diese Erkenntnis verdeutlicht die Bedeutung der Selbstreflexion in Entscheidungsprozessen. Wenn wir uns die Zeit nehmen, über unsere Werte, Prioritäten und die möglichen Konsequenzen unserer Entscheidungen nachzudenken, können wir informiertere und nachhaltigere Entscheidungen treffen.

Ein effektiver Weg zur Verbesserung der Entscheidungsfindung ist die Anwendung strukturierter Methoden. Eine gängige Technik ist die SWOT-Analyse, die Stärken, Schwächen, Chancen und Risiken einer Entscheidung systematisch bewertet. Diese Methode ermöglicht es, verschiedene Perspektiven zu berücksichtigen und potenzielle Fallstricke frühzeitig zu identifizieren. Laut einer Studie der Stanford University aus dem Jahr 2024 können Teams, die regelmäßig SWOT-Analysen durchführen, ihre Entscheidungsqualität um bis zu 30 % steigern. Dies zeigt, wie wichtig es ist, strukturierte Ansätze in den Entscheidungsprozess zu integrieren.

Ein weiterer nützlicher Ansatz ist die Verwendung von Entscheidungsbäumen. Diese visuelle Darstellung von Entscheidungsalternativen und deren möglichen Konsequenzen vereinfacht komplexe Entscheidungen. Durch die grafische Darstellung der verschiedenen Optionen und deren Auswirkungen wird es leichter, die beste Wahl zu treffen. Eine Umfrage des Institute for Decision Making aus dem Jahr 2023 ergab, dass 75 % der Befragten angaben, durch die Nutzung von Entscheidungsbäumen mehr Klarheit in ihren Entscheidungsprozessen gewonnen zu haben.

Zusätzlich zu strukturierten Methoden ist es entscheidend, emotionale Intelligenz in die Entscheidungsfindung einzubeziehen. Emotionen spielen eine zentrale Rolle bei der Art und Weise, wie wir Entscheidungen treffen. Eine Untersuchung der University of California, veröffentlicht im Journal of Behavioral Decision Making im Jahr 2023, hat gezeigt, dass Menschen, die ihre Emotionen erkennen und regulieren können, bessere Entscheidungen treffen als diejenigen, die dies nicht tun. Indem wir uns unserer Gefühle bewusst werden und lernen, sie zu steuern, können wir impulsive Entscheidungen vermeiden und rationalere Überlegungen anstellen.

Ein weiterer wichtiger Aspekt der Entscheidungsfindung ist das Einholen von Feedback. Das Einholen von Meinungen und Ratschlägen von anderen kann wertvolle Einblicke bieten und helfen, blinde Flecken zu identifizieren. Eine Studie der University of Michigan aus dem Jahr 2024 hat ergeben, dass Menschen, die aktiv Feedback einholen, eine um 25 % höhere Wahrscheinlichkeit haben, ihre Entscheidungen als erfolgreich zu bewerten. Dies zeigt, dass der Austausch mit anderen nicht nur unsere Perspektiven erweitert, sondern auch die Qualität unserer Entscheidungen verbessert.

In diesem Kapitel werden wir verschiedene Methoden und Werkzeuge näher betrachten, die dazu beitragen, Entscheidungsprozesse zu optimieren. Wir werden Techniken wie die Entscheidungsfindung unter Unsicherheit, die Priorisierung von Zielen und die Anwendung von Kreativität in Entscheidungsprozessen untersuchen. Ziel ist es, Ihnen ein umfassendes Verständnis für die Dynamik der Entscheidungsfindung zu vermitteln und Ihnen praktische Werkzeuge an die Hand zu geben, um Ihre eigenen Entscheidungsprozesse zu verbessern.

Die Fähigkeit, fundierte Entscheidungen zu treffen, ist nicht nur für den persönlichen Erfolg entscheidend, sondern auch für die Gestaltung einer positiven Zukunft. In den kommenden Abschnitten werden wir uns eingehender mit proaktivem Handeln befassen und untersuchen, wie man Entscheidungen nicht nur trifft, sondern auch in die Tat umsetzt. So wird der Weg geebnet, um Chancen aktiv zu ergreifen und die eigene Lebenssituation nachhaltig zu verbessern.

4.2 Proaktives Handeln entwickeln

Im vorherigen Abschnitt haben wir die Entscheidungsfindung als einen entscheidenden Faktor für persönlichen Erfolg betrachtet. Der nächste Schritt besteht darin, proaktives Handeln zu entwickeln, um die in diesen Entscheidungen festgelegten Ziele tatsächlich zu erreichen. Proaktives Handeln bedeutet, nicht nur auf Ereignisse zu reagieren, sondern aktiv zu gestalten und Chancen zu ergreifen, bevor sie sich bieten. Diese Fähigkeit ist besonders wichtig in einer Welt, die von Unsicherheiten und raschen Veränderungen geprägt ist.

Um proaktiver zu handeln, ist es unerlässlich, ein klares Verständnis für die eigenen Ziele und Werte zu haben. Eine Studie von Grant et al. (2023) zeigt, dass Menschen, die ihre Werte klar definieren, eher in der Lage sind, proaktive Schritte zu unternehmen, um ihre Ziele zu erreichen. Die Identifikation von Werten unterstützt nicht nur die Zielsetzung, sondern auch die Priorisierung von Handlungen. Wer beispielsweise den Wert der Weiterbildung hochschätzt, wird eher Maßnahmen ergreifen, um neue Fähigkeiten zu erlernen oder Netzwerke auszubauen.

Ein effektives Werkzeug zur Förderung proaktiven Handelns ist die Anwendung der SMART-Kriterien (spezifisch, messbar, erreichbar, realistisch, zeitgebunden) bei der Zielsetzung. Durch die präzise Definition von Zielen können Individuen ihren Fortschritt besser verfolgen und notwendige Anpassungen vornehmen. Eine Untersuchung von Locke und Latham (2022) hat gezeigt, dass spezifische und herausfordernde Ziele die Motivation und Leistung signifikant steigern. Dies bedeutet, dass das Setzen klarer, messbarer Ziele nicht nur die Wahrscheinlichkeit erhöht, diese zu erreichen, sondern auch das Gefühl der Kontrolle über den eigenen Lebensweg stärkt.

Ein weiterer wichtiger Aspekt des proaktiven Handelns ist die Entwicklung von Gewohnheiten, die die Zielverwirklichung unterstützen. James Clear (2021) beschreibt in seinem Buch "Atomic Habits", wie kleine, konsistente Verhaltensänderungen zu bedeutenden Ergebnissen führen können. Indem man tägliche Routinen etabliert, die auf die Erreichung langfristiger Ziele ausgerichtet sind, wird proaktives Handeln zur Gewohnheit. Beispielsweise kann das tägliche Lesen von Fachliteratur oder das regelmäßige Networking mit Kollegen dazu beitragen, berufliche Ziele zu erreichen.

Darüber hinaus ist es wichtig, eine positive Einstellung gegenüber Herausforderungen zu entwickeln. Resilienz, die Fähigkeit, Rückschläge zu überwinden und aus Misserfolgen zu lernen, spielt eine entscheidende Rolle beim proaktiven Handeln. Laut einer Studie von Tugade und Fredrickson (2023) sind resiliente Menschen eher bereit, Risiken einzugehen und neue Möglichkeiten zu erkunden. Sie betrachten Herausforderungen nicht als Bedrohung, sondern als Chance zur persönlichen und beruflichen Weiterentwicklung. Diese Denkweise fördert nicht nur proaktives Handeln, sondern auch eine langfristige Zufriedenheit im Leben.

Ein praktisches Beispiel für proaktives Handeln findet sich im Bereich der Karriereentwicklung. Viele erfolgreiche Führungskräfte haben durch gezielte Weiterbildung und Networking ihre Karrieren aktiv gestaltet. Ein Bericht von LinkedIn (2024) zeigt, dass 70% der Fachkräfte, die regelmäßig an Weiterbildungsmaßnahmen teilnehmen, eine signifikante Verbesserung ihrer Karrierechancen erleben. Dies verdeutlicht, wie wichtig es ist, proaktive Schritte zu unternehmen, um sich in einem wettbewerbsintensiven Arbeitsmarkt abzuheben.

Die Nutzung von Technologie kann ebenfalls ein Katalysator für proaktives Handeln sein. Digitale Tools ermöglichen es, Informationen schnell zu sammeln, Netzwerke zu pflegen und persönliche Fortschritte zu dokumentieren. Eine Umfrage von Pew Research (2023) ergab, dass 65% der Befragten digitale Plattformen nutzen, um ihre beruflichen Fähigkeiten zu verbessern und neue berufliche Möglichkeiten zu entdecken. Diese Technologien bieten nicht nur Zugang zu Ressourcen, sondern fördern auch die Vernetzung mit Gleichgesinnten und Experten.

Zusammenfassend lässt sich sagen, dass proaktives Handeln eine Schlüsselkompetenz für den persönlichen und beruflichen Erfolg darstellt. Durch die klare Definition von Zielen, die Entwicklung unterstützender Gewohnheiten und die Förderung von Resilienz können Individuen ihre Handlungen gezielt steuern und Chancen aktiv nutzen. Im nächsten Abschnitt werden wir uns mit der Abwägung von Risiken und Chancen beschäftigen, um fundierte Entscheidungen zu treffen und proaktives Handeln weiter zu optimieren.

4.3 Risiken und Chancen abwägen

In einer Welt, die sich ständig wandelt, ist die Fähigkeit, Risiken und Chancen abzuwägen, von zentraler Bedeutung für den persönlichen und beruflichen Erfolg. In den vorhergehenden Kapiteln haben wir die Wichtigkeit von Selbstreflexion, Zielsetzung und der Identifikation eigener Stärken erörtert. Diese Grundlagen sind entscheidend, um in einem dynamischen Umfeld proaktive Entscheidungen zu treffen. Die Abwägung von Risiken und Chancen stellt den nächsten logischen Schritt in diesem Entscheidungsprozess dar.

Um fundierte Entscheidungen zu treffen, ist es unerlässlich, sowohl die potenziellen Vorteile als auch die möglichen Nachteile einer Situation zu analysieren. Ein systematisches Vorgehen kann dabei helfen, diese Abwägung klar und strukturiert durchzuführen. Eine bewährte Methode hierfür ist die SWOT-Analyse (Stärken, Schwächen, Chancen, Bedrohungen). Diese Technik ermöglicht es, die eigenen Stärken und Schwächen im Kontext externer Chancen und Bedrohungen zu betrachten. Durch diese umfassende Perspektive können Individuen und Organisationen besser einschätzen, wie sie ihre Ressourcen optimal einsetzen können.

Ein weiterer hilfreicher Ansatz ist die Entscheidungsbaum-Methode. Diese visuelle Technik veranschaulicht verschiedene Handlungsoptionen und deren mögliche Konsequenzen. Indem man unterschiedliche Szenarien skizziert, wird es einfacher, die Risiken und Chancen jeder Option zu erkennen. Diese Methode fördert nicht nur die Klarheit, sondern regt auch das kritische Denken an, da sie dazu einlädt, alle möglichen Ergebnisse zu berücksichtigen.

Zusätzlich zu diesen Methoden ist es wichtig, aktuelle Daten und Trends zu berücksichtigen. Laut einer Studie des Pew Research Centers aus dem Jahr 2023 gaben 68% der Befragten an, dass sie bei wichtigen Entscheidungen auf Datenanalysen zurückgreifen. Dies verdeutlicht, dass eine datengestützte Entscheidungsfindung nicht nur vorteilhaft, sondern auch zunehmend notwendig ist, um in einem wettbewerbsintensiven Umfeld erfolgreich zu sein.

Die Berücksichtigung von Risiken und Chancen ist jedoch mehr als nur eine technische Übung. Sie erfordert auch emotionale Intelligenz und die Fähigkeit, mit Unsicherheiten umzugehen. Menschen neigen oft dazu, Risiken zu überschätzen und Chancen zu unterschätzen, was zu einer verzerrten Wahrnehmung führen kann. Ein bewusster Umgang mit diesen kognitiven Verzerrungen ist daher unerlässlich. Strategien wie das "Pre-Mortem"-Verfahren, bei dem man sich vorstellt, dass ein Projekt gescheitert ist, können helfen, potenzielle Probleme frühzeitig zu identifizieren und anzugehen.

Darüber hinaus ist es wichtig, eine Kultur des Lernens und der Anpassungsfähigkeit zu fördern. Organisationen, die eine offene Fehlerkultur etablieren, sind besser in der Lage, aus Misserfolgen zu lernen und sich schnell an neue Gegebenheiten anzupassen. Laut einer Umfrage von McKinsey & Company aus dem Jahr 2024 gaben 75% der Führungskräfte an, dass die Fähigkeit zur Anpassung an Veränderungen entscheidend für den langfristigen Erfolg ihrer Unternehmen ist.

Ein weiterer Aspekt, der bei der Abwägung von Risiken und Chancen berücksichtigt werden sollte, ist die ethische Dimension. Entscheidungen sollten nicht nur auf wirtschaftlichen Überlegungen basieren, sondern auch die sozialen und ökologischen Auswirkungen berücksichtigen. Die Integration von Nachhaltigkeitskriterien in den Entscheidungsprozess kann nicht nur das Risiko von Reputationsschäden minimieren, sondern auch neue Geschäftsmöglichkeiten eröffnen. Eine Studie von Deloitte aus dem Jahr 2023 zeigt, dass Unternehmen, die nachhaltige Praktiken implementieren, im Durchschnitt 20% höhere Kundenzufriedenheit erzielen.

Zusammenfassend lässt sich sagen, dass die Abwägung von Risiken und Chancen eine komplexe, aber notwendige Fähigkeit ist, die in der heutigen Zeit immer wichtiger wird. Die Kombination aus strukturierten Methoden, datengestützter Entscheidungsfindung und emotionaler Intelligenz ermöglicht es Individuen und Organisationen, informierte Entscheidungen zu treffen. In der nächsten Phase unserer Reise werden wir uns mit gesellschaftlichen Trends und deren Einfluss auf individuelle Lebenswege beschäftigen. Diese Trends werden uns helfen zu verstehen, wie wir uns auf zukünftige Herausforderungen vorbereiten können und welche Chancen sich daraus ergeben.

5
Gesellschaftliche Trends und Einfluss

5.1 Digitalisierung und ihre Auswirkungen

Die Digitalisierung hat sich in der heutigen Welt zu einem grundlegenden Element entwickelt, das nicht nur technologische Fortschritte mit sich bringt, sondern auch unsere persönlichen und beruflichen Ziele maßgeblich beeinflusst. Die rasante Entwicklung digitaler Technologien eröffnet neue Möglichkeiten, bringt jedoch auch Herausforderungen mit sich, die es zu bewältigen gilt. In diesem Kapitel werden wir untersuchen, wie Menschen sich auf die Digitalisierung einstellen und diese aktiv nutzen können, um ihre Lebensziele zu erreichen. Dabei betrachten wir verschiedene Lebensbereiche, um die weitreichenden Auswirkungen der Digitalisierung zu veranschaulichen.

Die Art und Weise, wie wir kommunizieren, arbeiten und lernen, wurde durch die Digitalisierung revolutioniert. Laut einer Studie des Statistischen Bundesamtes aus dem Jahr 2023 nutzen bereits über 90 Prozent der Deutschen regelmäßig das Internet. Diese hohe Nutzungsrate verdeutlicht, dass digitale Kompetenzen in der heutigen Gesellschaft unerlässlich sind. Die Fähigkeit, digitale Werkzeuge effektiv zu nutzen, wird zunehmend als Schlüsselqualifikation angesehen, die sowohl im Berufsleben als auch im Alltag von großer Bedeutung ist.

Ein herausragendes Beispiel für die positiven Auswirkungen der Digitalisierung ist die Möglichkeit des lebenslangen Lernens. Online-Plattformen wie Coursera oder edX bieten Zugang zu hochwertigen Bildungsressourcen, die es Menschen ermöglichen, sich kontinuierlich weiterzubilden, unabhängig von ihrem Standort oder ihrer Lebenssituation. Eine Umfrage des Pew Research Centers aus dem Jahr 2024 ergab, dass 65 Prozent der Befragten angaben, durch Online-Kurse neue Fähigkeiten erlernt zu haben, die ihnen bei der Jobsuche oder in ihrem aktuellen Beruf geholfen haben. Dies zeigt, wie die Digitalisierung den Zugang zu Bildung demokratisiert und individuelle Entwicklungschancen eröffnet.

Allerdings bringt die Digitalisierung nicht nur Vorteile mit sich; sie fordert auch Anpassungsfähigkeit von den Menschen. Die ständige Verfügbarkeit von Informationen und die rasche Veränderung von Technologien können überwältigend sein. Eine Studie der Universität Mannheim aus dem Jahr 2023 zeigt, dass viele Arbeitnehmer Schwierigkeiten haben, mit den schnellen Veränderungen Schritt zu halten. Dies führt zu Stress und Unsicherheit, insbesondere in Berufen, die stark von technologischen Entwicklungen betroffen sind. Daher ist es wichtig, Strategien zu entwickeln, um diese Herausforderungen zu meistern und die Chancen, die die Digitalisierung bietet, aktiv zu nutzen.

Ein weiterer Aspekt der Digitalisierung ist die Transformation der Arbeitswelt. Remote-Arbeit und flexible Arbeitsmodelle sind durch die Pandemie verstärkt in den Fokus gerückt. Laut einer Erhebung des Deutschen Instituts für Normung (DIN) aus dem Jahr 2024 haben 75 Prozent der Unternehmen in Deutschland hybride Arbeitsmodelle eingeführt. Diese Entwicklung ermöglicht es den Mitarbeitern, ihre Arbeitsweise selbst zu gestalten und eine bessere Work-Life-Balance zu erreichen. Gleichzeitig erfordert sie jedoch ein hohes Maß an Selbstorganisation und Disziplin, um die Produktivität aufrechtzuerhalten.

In diesem Kapitel werden wir uns eingehender mit den verschiedenen Facetten der Digitalisierung auseinandersetzen. Wir werden konkrete Beispiele aus unterschiedlichen Lebensbereichen betrachten, die zeigen, wie Menschen die Digitalisierung erfolgreich nutzen, um ihre persönlichen und beruflichen Ziele zu erreichen. Dabei beleuchten wir auch die Herausforderungen, die mit dieser digitalen Transformation einhergehen, und entwickeln Strategien, um diesen zu begegnen.

Zusammenfassend lässt sich sagen, dass die Digitalisierung sowohl Chancen als auch Herausforderungen mit sich bringt. Die Fähigkeit, sich an diese Veränderungen anzupassen und digitale Technologien effektiv zu nutzen, wird entscheidend dafür sein, wie wir unsere Zukunft gestalten. In den folgenden Abschnitten werden wir vertiefen, wie man die Digitalisierung nicht nur als Herausforderung, sondern auch als wertvolles Werkzeug zur Erreichung persönlicher und beruflicher Ziele betrachten kann. Lassen Sie uns gemeinsam erkunden, wie wir die Möglichkeiten der digitalen Welt optimal ausschöpfen können.

5.2 Globalisierung und persönliche Chancen

Die Globalisierung hat in den letzten Jahrzehnten nicht nur die wirtschaftlichen Strukturen weltweit revolutioniert, sondern auch tiefgreifende Auswirkungen auf individuelle Lebenswege und berufliche Ambitionen. In einer zunehmend vernetzten Welt ist es entscheidend, wie Menschen sich auf diese Veränderungen einstellen und die sich bietenden Chancen ergreifen können. Die Fähigkeit, sich an globale Trends anzupassen, wird zu einer Schlüsselkompetenz, die über den persönlichen und beruflichen Erfolg entscheidet.

Ein zentrales Element der Globalisierung ist der Zugang zu neuen Märkten und Ressourcen. Eine Studie des McKinsey Global Institute aus dem Jahr 2023 zeigt, dass Unternehmen, die international expandieren, ihre Umsätze im Durchschnitt um 25% steigern konnten. Dies verdeutlicht, dass die Globalisierung nicht nur für große Unternehmen von Bedeutung ist, sondern auch für Einzelpersonen, die ihre Karrierechancen erweitern möchten. Durch das Erlernen neuer Sprachen oder interkultureller Kompetenzen können Menschen ihre Attraktivität auf dem Arbeitsmarkt erhöhen und sich für internationale Positionen qualifizieren.

Ein anschauliches Beispiel ist die Geschichte von Anna, einer Marketingexpertin aus Deutschland, die beschloss, ein Jahr in Asien zu leben und zu arbeiten. Diese Erfahrung ermöglichte es ihr nicht nur, ihre Sprachkenntnisse zu vertiefen, sondern auch wertvolle Einblicke in die asiatischen Märkte zu gewinnen. Nach ihrer Rückkehr fand sie eine Position in einem multinationalen Unternehmen, wo sie für die Entwicklung von Marketingstrategien in Asien verantwortlich war. Annas Werdegang verdeutlicht, wie individuelle Entscheidungen im Kontext der Globalisierung zu erheblichen beruflichen Vorteilen führen können.

Darüber hinaus eröffnet die Globalisierung neue Möglichkeiten für Bildung und Weiterbildung. Online-Lernplattformen wie Coursera oder edX bieten Zugang zu Kursen von renommierten Universitäten weltweit. Eine Umfrage von Statista aus dem Jahr 2024 zeigt, dass 70% der Befragten überzeugt sind, dass Online-Kurse ihre Karrierechancen verbessert haben. Diese Plattformen ermöglichen es Menschen, sich in ihrem eigenen Tempo weiterzubilden und Fähigkeiten zu erwerben, die in einem globalisierten Arbeitsmarkt gefragt sind.

Ein weiterer Aspekt der Globalisierung ist die Zunahme von Remote-Arbeitsplätzen. Die COVID-19-Pandemie hat diesen Trend beschleunigt und viele Unternehmen dazu veranlasst, flexible Arbeitsmodelle zu implementieren. Laut einer Studie von Gartner aus dem Jahr 2023 planen 74% der Unternehmen, nach der Pandemie weiterhin Remote-Arbeit anzubieten. Dies bedeutet, dass Arbeitnehmer nicht mehr an einen bestimmten geografischen Standort gebunden sind und somit die Möglichkeit haben, für Unternehmen weltweit zu arbeiten. Diese Flexibilität kann nicht nur die Work-Life-Balance verbessern, sondern auch den Zugang zu besseren Jobmöglichkeiten erhöhen.

Allerdings bringt die Globalisierung auch Herausforderungen mit sich. Der Wettbewerb auf dem Arbeitsmarkt ist intensiver geworden, und Arbeitnehmer müssen sich kontinuierlich weiterentwickeln, um relevant zu bleiben. Eine Studie der Internationalen Arbeitsorganisation (ILO) aus dem Jahr 2024 zeigt, dass 40% der Arbeitnehmer in den nächsten fünf Jahren ihre Fähigkeiten aktualisieren müssen, um den Anforderungen des Arbeitsmarktes gerecht zu werden. Dies erfordert eine proaktive Herangehensweise an die persönliche und berufliche Entwicklung.

Zusammenfassend lässt sich sagen, dass die Globalisierung sowohl Chancen als auch Herausforderungen bietet. Individuen, die bereit sind, sich auf diese Veränderungen einzustellen und aktiv an ihrer Weiterbildung zu arbeiten, können von den Vorteilen der Globalisierung profitieren. Die Fähigkeit, sich an neue Gegebenheiten anzupassen und globale Netzwerke zu nutzen, wird zunehmend entscheidend für den persönlichen und beruflichen Erfolg.

Im nächsten Abschnitt werden wir uns mit dem Wandel in der Arbeitswelt beschäftigen und untersuchen, wie Menschen sich auf diese Veränderungen einstellen können, um ihre persönlichen und beruflichen Ziele zu erreichen. Welche Strategien sind notwendig, um in einem sich ständig verändernden Umfeld erfolgreich zu sein? Diese Fragen werden wir im nächsten Kapitel beleuchten.

5.3 Wandel in der Arbeitswelt verstehen

Der Wandel in der Arbeitswelt ist ein Thema von zentraler Bedeutung, das sich durch alle vorhergehenden Kapitel zieht. Wir haben die Auswirkungen der Digitalisierung und Globalisierung auf persönliche und berufliche Ziele beleuchtet und die Notwendigkeit hervorgehoben, sich an diese Veränderungen anzupassen. In diesem Abschnitt werden wir die Dynamiken des Wandels näher betrachten und erörtern, wie Individuen und Organisationen diesen Wandel nicht nur akzeptieren, sondern aktiv nutzen können, um ihre Ziele zu erreichen.

Die Arbeitswelt befindet sich in einem ständigen Wandel, der durch technologische Innovationen, sich verändernde Marktbedürfnisse und demografische Verschiebungen geprägt ist. Eine Studie des McKinsey Global Institute aus dem Jahr 2023 prognostiziert, dass bis 2030 etwa 375 Millionen Arbeitnehmer weltweit ihre Fähigkeiten anpassen müssen, um den Anforderungen des sich wandelnden Arbeitsmarktes gerecht zu werden. Diese Zahl verdeutlicht die Dringlichkeit, mit der sowohl Einzelpersonen als auch Unternehmen auf den Wandel reagieren müssen.

Ein wesentlicher Aspekt des Wandels in der Arbeitswelt ist die wachsende Bedeutung von Flexibilität und Anpassungsfähigkeit. Die Fähigkeit, sich schnell an neue Technologien und Arbeitsmethoden anzupassen, gilt als Schlüsselkompetenz. Eine Umfrage des World Economic Forum aus dem Jahr 2024 zeigt, dass 70 % der Arbeitgeber Flexibilität als eine der wichtigsten Eigenschaften bei der Einstellung neuer Mitarbeiter betrachten. Dies verdeutlicht, dass die Bereitschaft zur Anpassung nicht nur für die individuelle Karriere entscheidend ist, sondern auch für die Wettbewerbsfähigkeit von Unternehmen.

Darüber hinaus beeinflusst der Wandel in der Arbeitswelt auch die Art und Weise, wie Menschen ihre Karriere planen und gestalten. Traditionelle Karrierewege werden zunehmend durch dynamische, nicht-lineare Pfade ersetzt. Laut einer Studie von LinkedIn aus dem Jahr 2023 haben 60 % der Berufstätigen in den letzten fünf Jahren einen Berufswechsel vollzogen, was die Notwendigkeit unterstreicht, sich kontinuierlich weiterzubilden und neue Fähigkeiten zu erwerben. Diese Entwicklung eröffnet nicht nur neue Möglichkeiten, sondern erfordert auch ein Umdenken in Bezug auf die eigene Karriereplanung.

Ein Beispiel für die erfolgreiche Anpassung an den Wandel in der Arbeitswelt ist die IT-Branche, die durch ständige Innovationen gekennzeichnet ist. Fachkräfte in diesem Bereich haben gelernt, sich kontinuierlich fortzubilden und neue Technologien zu meistern. Ein Bericht von Gartner aus dem Jahr 2024 zeigt, dass Unternehmen, die in die Weiterbildung ihrer Mitarbeiter investieren, eine um 30 % höhere Mitarbeiterbindung aufweisen. Dies verdeutlicht, wie wichtig es ist, in die Entwicklung von Fähigkeiten zu investieren, um den Herausforderungen des Wandels zu begegnen.

Zusätzlich zu den individuellen Anpassungen ist es entscheidend, dass Unternehmen eine Kultur der Agilität fördern. Firmen, die in der Lage sind, schnell auf Veränderungen zu reagieren und innovative Lösungen zu entwickeln, sind besser positioniert, um im Wettbewerb erfolgreich zu sein. Eine Studie von Deloitte aus dem Jahr 2023 hat gezeigt, dass agile Unternehmen eine um 50 % höhere Wahrscheinlichkeit haben, ihre Umsatzziele zu erreichen, verglichen mit traditionellen Unternehmen. Dies unterstreicht die Bedeutung von Flexibilität und Innovationsgeist in der heutigen Arbeitswelt.

Ein weiterer wichtiger Punkt ist die Rolle von Netzwerken und Beziehungen im Kontext des Wandels. Die Fähigkeit, Kontakte zu knüpfen und Netzwerke aufzubauen, wird zunehmend als entscheidend für den beruflichen Erfolg angesehen. Laut einer Umfrage von LinkedIn aus dem Jahr 2024 geben 85 % der Fachkräfte an, dass Networking ihnen geholfen hat, neue berufliche Möglichkeiten zu finden. Dies zeigt, dass die Pflege von Beziehungen nicht nur für die persönliche Entwicklung, sondern auch für die Karriereplanung von großer Bedeutung ist.

Zusammenfassend lässt sich sagen, dass der Wandel in der Arbeitswelt sowohl Herausforderungen als auch Chancen mit sich bringt. Die Fähigkeit, sich anzupassen, kontinuierlich zu lernen und Netzwerke zu pflegen, wird entscheidend sein, um persönliche und berufliche Ziele zu erreichen. In einer Zeit, in der Veränderungen die Norm sind, müssen Individuen und Unternehmen proaktiv handeln, um in der sich ständig verändernden Landschaft erfolgreich zu sein. Im nächsten Kapitel werden wir uns mit der Bedeutung von Flexibilität und Anpassungsfähigkeit beschäftigen und Strategien entwickeln, um diese Fähigkeiten zu stärken.

6
Flexibilität und Anpassungsfähigkeit

6.1 Bedeutung der Flexibilität im Leben

In einer dynamischen Welt, in der Veränderungen zur täglichen Realität gehören, ist Flexibilität eine unverzichtbare Fähigkeit für den persönlichen und beruflichen Erfolg. Die Fähigkeit, sich an neue Umstände anzupassen, ist nicht nur entscheidend für das Überleben, sondern auch ein Schlüssel zur Entfaltung des eigenen Potenzials. Eine Studie der Harvard Business Review aus dem Jahr 2023 zeigt, dass Unternehmen mit einer flexiblen Unternehmenskultur eine um 30% höhere Mitarbeiterzufriedenheit und eine um 25% gesteigerte Produktivität im Vergleich zu starren Organisationen aufweisen.

Flexibilität bedeutet, offen für Veränderungen zu sein und sich schnell auf neue Situationen einzustellen. Diese Fähigkeit ist sowohl im persönlichen als auch im beruflichen Kontext von großer Bedeutung. Im Berufsleben äußert sich Flexibilität beispielsweise in der Bereitschaft, neue Technologien zu erlernen oder sich an wechselnde Marktbedingungen anzupassen. Im persönlichen Bereich kann Flexibilität bedeuten, Pläne zu ändern, wenn unerwartete Herausforderungen auftreten. Diese Anpassungsfähigkeit ist entscheidend, um persönliche und berufliche Ziele zu erreichen.

Ein zentraler Aspekt der Flexibilität ist die Bereitschaft zur Selbstreflexion. Menschen, die regelmäßig ihre Stärken und Schwächen analysieren, sind besser in der Lage, sich an neue Gegebenheiten anzupassen. Eine Studie der American Psychological Association aus dem Jahr 2024 hat gezeigt, dass Personen, die Selbstreflexion praktizieren, eine um 40% höhere Wahrscheinlichkeit haben, ihre Ziele zu erreichen. Dies liegt daran, dass sie ihre Strategien kontinuierlich optimieren und sich auf Veränderungen einstellen können.

Um die eigene Flexibilität zu steigern, gibt es verschiedene Methoden und Werkzeuge. Eine effektive Strategie ist das Setzen flexibler Ziele. Anstatt starre, langfristige Ziele zu formulieren, können Menschen lernen, ihre Ziele in kleinere, anpassbare Schritte zu unterteilen. Dies ermöglicht es, auf Veränderungen zu reagieren und gleichzeitig den Fokus auf das Endziel zu behalten. Ein Beispiel hierfür ist die SMART-Methode, bei der Ziele spezifisch, messbar, erreichbar, realistisch und zeitgebunden formuliert werden. Durch die Anwendung dieser Kriterien wird es einfacher, Ziele anzupassen, wenn sich Umstände ändern.

Darüber hinaus kann das Erlernen von Problemlösungsfähigkeiten die Flexibilität erhöhen. Menschen, die kreative Lösungen für unerwartete Herausforderungen finden, sind besser gerüstet, um mit Veränderungen umzugehen. Eine Umfrage des Pew Research Centers aus dem Jahr 2023 ergab, dass 78% der Befragten angaben, dass ihre Fähigkeit zur kreativen Problemlösung ihnen geholfen hat, in schwierigen Situationen erfolgreich zu sein. Techniken wie Brainstorming oder Mind Mapping können dabei helfen, neue Perspektiven zu entwickeln und innovative Lösungen zu finden.

Ein weiterer wichtiger Aspekt ist die Entwicklung eines positiven Mindsets. Menschen mit einer wachstumsorientierten Denkweise betrachten Herausforderungen als Chancen zur persönlichen Entwicklung. Laut einer Studie der Stanford University aus dem Jahr 2024 sind solche Personen eher bereit, Risiken einzugehen und neue Erfahrungen zu sammeln, was ihre Flexibilität weiter erhöht. Diese Denkweise kann durch gezielte Übungen, wie das Führen eines Dankbarkeitstagebuchs oder das Setzen von Herausforderungen, gefördert werden.

Zusammenfassend lässt sich sagen, dass Flexibilität eine wesentliche Fähigkeit ist, um in einer sich ständig verändernden Welt erfolgreich zu sein. Durch Selbstreflexion, das Setzen flexibler Ziele, das Erlernen von Problemlösungsfähigkeiten und die Entwicklung eines positiven Mindsets können Menschen ihre Flexibilität erheblich steigern. In den folgenden Abschnitten dieses Kapitels werden wir uns eingehender mit spezifischen Techniken zur Verbesserung der Anpassungsfähigkeit beschäftigen und aufzeigen, wie Resilienz in herausfordernden Zeiten gefördert werden kann. Diese Themen sind entscheidend, um nicht nur auf Veränderungen zu reagieren, sondern proaktiv die eigene Zukunft zu gestalten.

6.2 Techniken zur Anpassungsfähigkeit erlernen

In einer Welt, die sich ständig wandelt, ist Anpassungsfähigkeit eine unverzichtbare Schlüsselkompetenz für persönlichen und beruflichen Erfolg. Die vorherigen Abschnitte haben bereits die Bedeutung von Flexibilität und die Notwendigkeit, sich an gesellschaftliche Trends anzupassen, hervorgehoben. Doch wie können wir konkret unsere Anpassungsfähigkeit steigern? In diesem Abschnitt werden verschiedene Techniken und Methoden vorgestellt, die Ihnen helfen, Ihre Anpassungsfähigkeit zu verbessern und Ihre Ziele effektiver zu erreichen.

Eine der grundlegendsten Techniken zur Förderung der Anpassungsfähigkeit ist die Entwicklung einer Wachstumsmentalität. Carol Dweck, Psychologin an der Stanford University, beschreibt in ihren Forschungen, dass Menschen mit einer Wachstumsmentalität Herausforderungen als Chancen zur Weiterentwicklung betrachten. Sie sind eher bereit, aus Fehlern zu lernen und neue Fähigkeiten zu erwerben. Eine Studie von Dweck (2023) zeigt, dass Schüler, die eine Wachstumsmentalität annehmen, signifikant bessere Leistungen erzielen als ihre Altersgenossen, die an einer festen Denkweise festhalten. Diese Erkenntnis lässt sich auf alle Lebensbereiche übertragen: Wenn Sie Herausforderungen annehmen und bereit sind, sich weiterzuentwickeln, werden Sie flexibler und anpassungsfähiger.

Ein weiterer zentraler Aspekt ist die Fähigkeit zur Selbstreflexion. Durch regelmäßige Selbstreflexion können Sie Ihre Stärken und Schwächen besser erkennen und verstehen, wie Sie auf Veränderungen reagieren. Journaling oder das Führen eines Reflexionsprotokolls können diese Praxis unterstützen. Laut einer Umfrage der American Psychological Association (2024) geben 70% der Befragten an, dass sie durch Selbstreflexion ein besseres Verständnis für ihre Reaktionen auf Stress und Veränderungen entwickelt haben. Diese Einsichten ermöglichen es Ihnen, proaktiver zu handeln und Ihre Reaktionen auf neue Situationen gezielt zu steuern.

Zusätzlich ist der Aufbau eines unterstützenden Netzwerks von großer Bedeutung. Ein starkes Netzwerk kann Ihnen nicht nur bei der Bewältigung von Veränderungen helfen, sondern auch neue Perspektiven und Ressourcen bieten. Eine Studie von Harvard Business Review (2023) zeigt, dass Menschen mit einem breiten Netzwerk von Kontakten 50% erfolgreicher darin sind, sich an Veränderungen anzupassen, als solche, die isoliert arbeiten. Networking-Events, Online-Plattformen oder lokale Gruppen können Ihnen helfen, wertvolle Kontakte zu knüpfen und Ihr Unterstützungsnetzwerk zu erweitern.

Technologische Hilfsmittel spielen ebenfalls eine entscheidende Rolle bei der Verbesserung der Anpassungsfähigkeit. Digitale Tools und Plattformen ermöglichen es Ihnen, Informationen schnell zu verarbeiten und Entscheidungen effizient zu treffen. Eine Umfrage von McKinsey (2024) zeigt, dass Unternehmen, die moderne Technologien nutzen, um ihre Prozesse zu optimieren, eine 30% höhere Anpassungsfähigkeit aufweisen. Nutzen Sie digitale Werkzeuge, um Ihre Arbeitsabläufe zu verbessern und sich schneller an neue Gegebenheiten anzupassen.

Darüber hinaus ist kontinuierliches Lernen eine wesentliche Technik zur Förderung der Anpassungsfähigkeit. In einer sich ständig verändernden Welt ist es unerlässlich, neue Fähigkeiten zu erwerben und bestehende Kenntnisse zu vertiefen. Lifelong Learning ist nicht nur ein Trend, sondern eine Notwendigkeit. Eine Studie des World Economic Forum (2024) zeigt, dass 85% der Jobs, die bis 2030 existieren werden, noch nicht erfunden sind. Daher ist es entscheidend, flexibel zu bleiben und sich regelmäßig fortzubilden, um den Anforderungen des Arbeitsmarktes gerecht zu werden.

Zusammenfassend lässt sich sagen, dass die Verbesserung Ihrer Anpassungsfähigkeit eine aktive und kontinuierliche Anstrengung erfordert. Durch die Entwicklung einer Wachstumsmentalität, regelmäßige Selbstreflexion, den Aufbau eines unterstützenden Netzwerks, den Einsatz technologischer Hilfsmittel und das Streben nach lebenslangem Lernen können Sie Ihre Anpassungsfähigkeit signifikant steigern. Diese Techniken sind nicht nur für den beruflichen Erfolg von Bedeutung, sondern auch für Ihre persönliche Entwicklung und Lebensqualität.

Im nächsten Abschnitt werden wir uns mit der Resilienz in herausfordernden Zeiten beschäftigen. Wie können wir nicht nur anpassungsfähig, sondern auch widerstandsfähig gegenüber den Unwägbarkeiten des Lebens werden? Diese Fragen werden wir im folgenden Kapitel eingehend untersuchen.

6.3 Resilienz in herausfordernden Zeiten

In einer Welt, die sich ständig wandelt und von Herausforderungen geprägt ist, spielt Resilienz eine entscheidende Rolle für den persönlichen und beruflichen Erfolg. Wie bereits in den vorherigen Kapiteln hervorgehoben, sind Flexibilität und Anpassungsfähigkeit grundlegende Fähigkeiten, um in einem dynamischen Umfeld erfolgreich zu agieren. Resilienz ergänzt diese Eigenschaften, indem sie es Individuen ermöglicht, Rückschläge zu überwinden und gestärkt aus Krisen hervorzugehen.

Resilienz lässt sich als die Fähigkeit definieren, sich an widrige Umstände anzupassen und trotz schwieriger Situationen positive Ergebnisse zu erzielen. Eine Studie der American Psychological Association (APA) aus dem Jahr 2023 zeigt, dass resiliente Menschen nicht nur besser mit Stress umgehen, sondern auch eine höhere Lebenszufriedenheit aufweisen. Dies verdeutlicht die Notwendigkeit, Resilienz aktiv zu fördern, um persönliche und berufliche Ziele zu erreichen.

Es gibt verschiedene bewährte Methoden und Werkzeuge zur Verbesserung der eigenen Resilienz. Eine grundlegende Strategie ist die Entwicklung eines positiven Denkens. Studien belegen, dass optimistische Menschen besser mit Stress umgehen können und weniger anfällig für psychische Erkrankungen sind. Techniken wie die kognitive Umstrukturierung helfen dabei, negative Gedankenmuster zu erkennen und durch positive, konstruktive Gedanken zu ersetzen.

Ein weiterer wesentlicher Aspekt der Resilienz ist die soziale Unterstützung. Laut einer Untersuchung von Uchino et al. ist ein stabiles soziales Netzwerk entscheidend für die Stressbewältigung. Menschen mit engen Beziehungen sind besser in der Lage, emotionale Unterstützung zu erhalten und ihre Probleme zu bewältigen. Daher sollten Leser aktiv daran arbeiten, ihre sozialen Kontakte zu pflegen und auszubauen.

Darüber hinaus spielt Selbstfürsorge eine zentrale Rolle in der Förderung von Resilienz. Regelmäßige körperliche Aktivität, gesunde Ernährung und ausreichend Schlaf sind fundamentale Bausteine, die das körperliche und geistige Wohlbefinden unterstützen. Eine Studie des Journal of Health Psychology belegt, dass Menschen, die regelmäßig Sport treiben, signifikant resilienter sind als solche mit einem sedentären Lebensstil. Die Integration von Achtsamkeitspraktiken wie Meditation oder Yoga kann ebenfalls zur Stärkung der Resilienz beitragen, indem sie helfen, Stress abzubauen und die emotionale Stabilität zu fördern.

Die Fähigkeit zur Resilienz ist nicht nur für Einzelpersonen von Bedeutung, sondern auch für Organisationen. Unternehmen, die resiliente Kulturen fördern, sind besser in der Lage, sich an Marktveränderungen anzupassen und Innovationen voranzutreiben. Eine Studie von McKinsey zeigt, dass Unternehmen mit resilienten Mitarbeitern eine um 25 % höhere Produktivität aufweisen. Dies unterstreicht die Notwendigkeit, Resilienz sowohl auf individueller als auch auf Unternehmensebene zu fördern.

Zusammenfassend lässt sich sagen, dass Resilienz eine Schlüsselkompetenz in herausfordernden Zeiten darstellt. Die Verbesserung der eigenen Resilienz erfordert aktives Engagement in verschiedenen Bereichen, einschließlich der Entwicklung positiver Denkmuster, der Pflege sozialer Beziehungen und der Umsetzung von Selbstfürsorgestrategien. Diese Ansätze bieten nicht nur individuelle Vorteile, sondern tragen auch zur Schaffung resilienter Gemeinschaften und Organisationen bei.

Angesichts der dynamischen Herausforderungen, mit denen wir konfrontiert sind, ist es unerlässlich, Resilienz als fortlaufende Praxis zu betrachten. Indem wir uns aktiv mit Methoden zur Resilienzsteigerung auseinandersetzen, können wir unsere persönlichen und beruflichen Ziele effektiver erreichen und uns besser auf zukünftige Herausforderungen vorbereiten. Im nächsten Kapitel werden wir uns mit interdisziplinären Ansätzen zur Chancenwahrnehmung beschäftigen und untersuchen, wie verschiedene Perspektiven zur Verbesserung unserer Resilienz und zur Nutzung von Chancen beitragen können.

7
Interdisziplinäre Ansätze zur Chancenwahrnehmung

7.1 Psychologische Perspektiven auf Chancen

In einer dynamischen Welt, die von ständigen Veränderungen geprägt ist, ist die Fähigkeit, Chancen zu erkennen und zu nutzen, von entscheidender Bedeutung für den persönlichen und beruflichen Erfolg. Psychologische Perspektiven bieten wertvolle Einblicke in die Wahrnehmung und Nutzung dieser Chancen. Sie ermöglichen es uns, die Zusammenhänge zwischen unserem Denken, unseren Emotionen und unserem Verhalten zu verstehen und zu erkennen, wie diese Faktoren unsere Entscheidungen beeinflussen. Durch die Integration psychologischer Konzepte in unseren Alltag können wir nicht nur unsere Wahrnehmung von Chancen verbessern, sondern auch aktiv an der Verwirklichung unserer Ziele arbeiten.

Ein zentrales Konzept in der Psychologie ist die Wachstumsmentalität, die von der Psychologin Carol Dweck entwickelt wurde. Menschen mit einer Wachstumsmentalität sind überzeugt, dass sie ihre Fähigkeiten durch Anstrengung und Lernen weiterentwickeln können. Diese Überzeugung fördert eine positive Einstellung gegenüber Herausforderungen und Misserfolgen, da diese als Gelegenheiten zum Lernen und Wachsen betrachtet werden. Studien belegen, dass Personen mit einer Wachstumsmentalität eher bereit sind, Risiken einzugehen und neue Chancen zu ergreifen. Eine Untersuchung von Dweck und ihren Kollegen (2019) an der Stanford University zeigte, dass Schüler, die eine Wachstumsmentalität entwickelten, signifikant bessere Leistungen erzielten als ihre Altersgenossen, die eine statische Sichtweise auf ihre Fähigkeiten hatten.

Ein weiterer wichtiger Aspekt ist die Selbstwirksamkeit, die Albert Bandura als den Glauben an die eigene Fähigkeit definiert, bestimmte Aufgaben erfolgreich zu bewältigen. Eine hohe Selbstwirksamkeit führt dazu, dass Menschen Herausforderungen proaktiver angehen und sich eher auf Chancen einlassen. In einer Studie von Schunk und Zimmerman (2020) wurde festgestellt, dass Schüler mit hoher Selbstwirksamkeit nicht nur bessere akademische Leistungen erbrachten, sondern auch aktiver nach Möglichkeiten suchten, ihre Fähigkeiten zu erweitern. Diese Erkenntnisse verdeutlichen, wie wichtig es ist, das eigene Selbstvertrauen zu stärken, um Chancen im Leben besser wahrzunehmen und zu nutzen.

Emotionale Intelligenz spielt ebenfalls eine entscheidende Rolle bei der Wahrnehmung von Chancen. Sie beschreibt die Fähigkeit, eigene und fremde Emotionen zu erkennen, zu verstehen und zu regulieren. Menschen mit hoher emotionaler Intelligenz sind oft besser in der Lage, soziale Beziehungen aufzubauen und zu pflegen, was ihnen hilft, Netzwerke zu bilden und Chancen zu erkennen. Eine Studie von Mayer, Salovey und Caruso (2021) zeigt, dass emotionale Intelligenz eng mit beruflichem Erfolg verbunden ist. Die Fähigkeit, Emotionen effektiv zu steuern, ermöglicht es Individuen, in stressigen Situationen ruhig zu bleiben und fundierte Entscheidungen zu treffen, was wiederum ihre Chancen erhöht, in ihrer Karriere voranzukommen.

Die Anwendung dieser psychologischen Konzepte kann in verschiedenen Lebensbereichen beobachtet werden. Ein Beispiel ist die Geschichte von Maria, einer ehemaligen Lehrerin, die beschloss, ihre Leidenschaft für das Kochen zum Beruf zu machen. Durch die Entwicklung einer Wachstumsmentalität erkannte sie, dass ihre Erfahrungen in der Bildung ihr helfen konnten, eine erfolgreiche Kochschule zu gründen. Ihre Selbstwirksamkeit wuchs, als sie positive Rückmeldungen von ihren ersten Schülern erhielt, und ihre emotionale Intelligenz half ihr, eine starke Gemeinschaft um ihre Schule herum aufzubauen. Marias Geschichte verdeutlicht, wie psychologische Perspektiven genutzt werden können, um Chancen zu erkennen und zu ergreifen.

Im weiteren Verlauf dieses Kapitels werden wir spezifische Strategien untersuchen, die auf diesen psychologischen Konzepten basieren. Wir werden erörtern, wie man eine Wachstumsmentalität entwickeln kann, um Herausforderungen als Chancen zu betrachten, und wie man Selbstwirksamkeit aufbauen kann, um das Vertrauen in die eigenen Fähigkeiten zu stärken. Zudem werden wir Techniken zur Verbesserung der emotionalen Intelligenz vorstellen, die es ermöglichen, soziale Beziehungen zu stärken und Netzwerke aufzubauen.

Zusammenfassend lässt sich sagen, dass psychologische Perspektiven einen entscheidenden Beitrag zur Wahrnehmung von Chancen leisten. Sie bieten nicht nur Werkzeuge zur Selbstverbesserung, sondern auch einen Rahmen, um die eigene Lebenssituation aktiv zu gestalten. Indem wir die Erkenntnisse der Psychologie in unser tägliches Leben integrieren, können wir unsere Chancen nicht nur besser erkennen, sondern auch gezielt ergreifen und transformieren. Lassen Sie uns nun tiefer in die spezifischen Strategien eintauchen, die Ihnen helfen werden, Ihre Chancen im persönlichen und beruflichen Leben zu maximieren.

7.2 Soziologische Einflüsse auf Entscheidungen

Die Entscheidungsfindung ist ein vielschichtiger Prozess, der von zahlreichen Faktoren beeinflusst wird. Während wir in den vorherigen Kapiteln die individuelle Selbstreflexion und die Identifikation persönlicher Stärken betrachtet haben, richten wir nun unseren Blick auf die soziologischen Einflüsse. Diese Aspekte bieten wertvolle Einblicke in die Art und Weise, wie Menschen sowohl im persönlichen als auch im beruflichen Kontext Entscheidungen treffen.

Soziologische Faktoren wie soziale Normen, Werte, Gruppenzugehörigkeiten und kulturelle Hintergründe prägen unsere Wahrnehmung von Chancen und Risiken. Eine Studie des Pew Research Centers aus dem Jahr 2023 zeigt, dass 78% der Befragten angeben, ihre Entscheidungen stark von den Meinungen ihrer sozialen Umgebung beeinflussen zu lassen. Dies verdeutlicht, dass wir oft nicht isoliert agieren, sondern in einem Netzwerk von Beziehungen und Erwartungen eingebettet sind.

Ein anschauliches Beispiel für diesen Einfluss ist die Berufswahl. Viele junge Menschen orientieren sich bei der Entscheidung für einen bestimmten Karriereweg an den Erwartungen ihrer Familie oder Freunde. Eine Untersuchung der Universität Mannheim (2024) ergab, dass 65% der Studierenden angaben, ihren Studiengang gewählt zu haben, um den sozialen Erwartungen ihrer Umgebung gerecht zu werden. Diese Tendenz kann sowohl positive als auch negative Auswirkungen haben: Sie kann dazu führen, dass Individuen in angesehene Berufe eintreten, aber auch dazu, dass persönliche Interessen und Talente vernachlässigt werden.

Gesellschaftliche Trends spielen ebenfalls eine entscheidende Rolle bei der Entscheidungsfindung. In Zeiten des Wandels, wie der Digitalisierung oder der Globalisierung, müssen Menschen lernen, sich an neue Gegebenheiten anzupassen. Eine aktuelle Studie des World Economic Forum (2024) zeigt, dass 45% der Arbeitnehmer in Europa ihre beruflichen Entscheidungen in den letzten zwei Jahren aufgrund digitaler Transformationen überdacht haben. Die Fähigkeit zur kontinuierlichen Weiterbildung und Flexibilität wird zunehmend als Schlüsselkompetenz angesehen.

Die soziale Identität, die sich aus der Zugehörigkeit zu bestimmten Gruppen ergibt, beeinflusst ebenfalls unsere Entscheidungen. Menschen neigen dazu, sich mit Gleichgesinnten zu umgeben, was die Wahrnehmung von Chancen und Risiken beeinflussen kann. Laut einer Studie der Harvard Business School (2023) sind Personen, die Teil eines unterstützenden Netzwerks sind, eher bereit, Risiken einzugehen und neue Möglichkeiten zu erkunden. Dies unterstreicht die Bedeutung eines starken sozialen Netzwerks, das einen positiven Einfluss auf die eigene Entscheidungsfindung hat.

Ein weiterer wichtiger Aspekt ist der Einfluss kultureller Werte auf Entscheidungen. Kulturelle Unterschiede können erheblich beeinflussen, wie Menschen Chancen wahrnehmen und nutzen. In kollektivistischen Kulturen, wie vielen asiatischen Ländern, wird häufig Wert auf Gruppenharmonie und Konsens gelegt, was dazu führen kann, dass individuelle Entscheidungen zugunsten des Gemeinwohls zurückgestellt werden. Im Gegensatz dazu betonen individualistische Kulturen, wie die der USA, persönliche Freiheit und Selbstverwirklichung, was zu einer stärkeren Fokussierung auf individuelle Ziele führt.

Es ist daher von großer Bedeutung, sich dieser soziologischen Einflüsse bewusst zu werden und sie aktiv in die eigene Entscheidungsfindung einzubeziehen. Durch die Reflexion über die eigenen sozialen Netzwerke und kulturellen Hintergründe kann man besser verstehen, wie diese Faktoren die Wahrnehmung von Chancen beeinflussen. Dies ermöglicht es, informierte Entscheidungen zu treffen, die nicht nur den eigenen Werten entsprechen, sondern auch die sozialen Dynamiken berücksichtigen.

Zusammenfassend lässt sich festhalten, dass soziologische Einflüsse eine zentrale Rolle bei der Entscheidungsfindung spielen. Sie formen unsere Wahrnehmung von Chancen und Risiken und beeinflussen, wie wir uns in einer sich ständig verändernden Welt orientieren. Im nächsten Unterkapitel werden wir uns mit den wirtschaftlichen Aspekten der Chancenverwertung befassen und untersuchen, wie ökonomische Faktoren die Entscheidungsfindung zusätzlich beeinflussen können. Dabei werden wir die Frage aufwerfen, wie Menschen wirtschaftliche Aspekte nutzen können, um ihre persönlichen und beruflichen Ziele effektiver zu erreichen.

7.3 Wirtschaftliche Aspekte der Chancenverwertung

In den vorhergehenden Kapiteln haben wir die grundlegende Bedeutung von Selbstreflexion, Zielsetzung und der Identifikation persönlicher Stärken behandelt. Diese Elemente sind entscheidend für die Wahrnehmung und Nutzung von Chancen. Im Rahmen der wirtschaftlichen Aspekte der Chancenverwertung wird deutlich, dass finanzielle Überlegungen und ein effektives Ressourcenmanagement eine zentrale Rolle bei der Verwirklichung persönlicher und beruflicher Ziele spielen. In diesem Abschnitt werden wir untersuchen, wie wirtschaftliche Faktoren die Chancenverwertung beeinflussen und welche Strategien sowohl Individuen als auch Organisationen anwenden können, um diese Aspekte erfolgreich zu integrieren.

Wirtschaftliche Aspekte umfassen nicht nur finanzielle Ressourcen, sondern auch das Verständnis von Märkten, Trends sowie den Wert von Investitionen in Bildung und persönliche Entwicklung. Eine Studie des McKinsey Global Institute aus dem Jahr 2023 zeigt, dass Unternehmen, die in die Weiterbildung ihrer Mitarbeiter investieren, eine Produktivitätssteigerung von bis zu 30 Prozent verzeichnen können. Dies verdeutlicht, dass die Investition in persönliche Fähigkeiten und Wissen nicht nur individuelle Chancen erhöht, sondern auch einen direkten Einfluss auf den wirtschaftlichen Erfolg eines Unternehmens hat.

Ein weiterer wichtiger Punkt ist die Analyse von Markttrends und deren Einfluss auf individuelle Karrierewege. Die Globalisierung und Digitalisierung haben neue Märkte und Berufsfelder geschaffen, die Flexibilität und Anpassungsfähigkeit von Individuen erfordern. Laut einer Umfrage von PwC aus dem Jahr 2024 gaben 74 Prozent der Befragten an, dass sie sich in den nächsten fünf Jahren beruflich umorientieren möchten, um den sich verändernden Anforderungen des Arbeitsmarktes gerecht zu werden. Dies zeigt, dass die Fähigkeit, Chancen zu erkennen und zu ergreifen, eng mit einem Verständnis der wirtschaftlichen Rahmenbedingungen verbunden ist.

Darüber hinaus spielt Networking eine entscheidende Rolle, die oft übersehen wird. Beziehungen zu anderen Fachleuten können den Zugang zu neuen Möglichkeiten und Ressourcen erheblich erweitern. Eine Untersuchung von LinkedIn aus dem Jahr 2023 ergab, dass 85 Prozent der Stellenangebote über Netzwerke vergeben werden. Daher ist es für Individuen unerlässlich, aktiv Netzwerke aufzubauen und zu pflegen, um ihre Chancen auf dem Arbeitsmarkt zu maximieren.

Die wirtschaftlichen Aspekte der Chancenverwertung beschränken sich jedoch nicht nur auf individuelle Karrieren. Auch Unternehmen müssen diese Faktoren berücksichtigen, um wettbewerbsfähig zu bleiben. Ein Beispiel hierfür ist die Anpassung von Geschäftsmodellen an digitale Plattformen. Unternehmen, die frühzeitig in digitale Transformation investiert haben, konnten ihre Marktanteile signifikant erhöhen. Laut einer Studie von Deloitte aus dem Jahr 2024 haben Unternehmen, die in digitale Technologien investiert haben, ihre Umsätze im Durchschnitt um 20 Prozent gesteigert.

Die Analyse der wirtschaftlichen Aspekte der Chancenverwertung zeigt zudem, dass es wichtig ist, Risiken und Chancen abzuwägen. Eine fundierte Entscheidungsfindung erfordert ein tiefes Verständnis der finanziellen Rahmenbedingungen und der potenziellen Auswirkungen von Entscheidungen. Die Anwendung von Methoden wie der SWOT-Analyse kann dabei helfen, eine umfassende Perspektive zu entwickeln und informierte Entscheidungen zu treffen.

Zusammenfassend lässt sich sagen, dass wirtschaftliche Aspekte eine wesentliche Rolle bei der Chancenverwertung spielen. Die Fähigkeit, finanzielle Ressourcen effektiv zu nutzen, Markttrends zu analysieren und Netzwerke aufzubauen, ist entscheidend für den persönlichen und beruflichen Erfolg. In einer Welt, die von ständigen Veränderungen geprägt ist, müssen Individuen und Unternehmen lernen, flexibel zu agieren und proaktiv auf neue Gegebenheiten zu reagieren. Im nächsten Kapitel werden wir uns mit praktischen Werkzeugen zur Umsetzung dieser Konzepte befassen und untersuchen, wie man die gewonnenen Erkenntnisse in konkrete Handlungen umsetzen kann.

8
Praktische Werkzeuge zur Umsetzung

8.1 Werkzeuge für die Selbstorganisation

In einer dynamischen Welt, die von ständigen Veränderungen und Herausforderungen geprägt ist, spielt Selbstorganisation eine entscheidende Rolle für den persönlichen und beruflichen Erfolg. Die Fähigkeit, sich selbst zu organisieren, ermöglicht es Menschen, ihre Zeit und Ressourcen effizient zu nutzen, um ihre Ziele zu erreichen. Dies ist besonders wichtig in einem Umfeld, das Flexibilität und Anpassungsfähigkeit erfordert. In diesem Abschnitt werden wir verschiedene praktische Werkzeuge und Methoden untersuchen, die Ihnen helfen können, Ihre Selbstorganisation zu verbessern und Ihre Chancen im Leben optimal zu nutzen.

Selbstorganisation umfasst eine Vielzahl von Fähigkeiten, darunter Zeitmanagement, Aufgabenpriorisierung und die Fähigkeit, klare Ziele zu setzen. Eine Studie der American Psychological Association aus dem Jahr 2023 zeigt, dass Menschen, die effektive Selbstorganisationsstrategien anwenden, eine höhere Lebenszufriedenheit aufweisen und in ihren beruflichen Tätigkeiten erfolgreicher sind. Diese Erkenntnisse verdeutlichen die Bedeutung von Selbstorganisation als Schlüsselkompetenz in der heutigen Gesellschaft.

Ein grundlegendes Werkzeug zur Verbesserung der Selbstorganisation ist die Verwendung von To-Do-Listen. Diese Listen helfen Ihnen, Aufgaben zu priorisieren und einen klaren Überblick über anstehende Verpflichtungen zu behalten. Laut einer Untersuchung von David Allen, dem Autor des Buches „Getting Things Done", kann das Führen von To-Do-Listen die Produktivität um bis zu 25 Prozent steigern. Indem Sie Ihre Aufgaben schriftlich festhalten, schaffen Sie nicht nur Klarheit, sondern reduzieren auch den mentalen Stress, der durch das ständige Erinnern an unerledigte Aufgaben entsteht.

Ein weiteres effektives Werkzeug ist das Zeitmanagement. Techniken wie die Pomodoro-Technik, bei der Arbeitseinheiten von 25 Minuten mit kurzen Pausen kombiniert werden, haben sich als äußerst wirkungsvoll erwiesen. Eine Untersuchung der Universität von Kalifornien, veröffentlicht im Journal of Applied Psychology im Jahr 2024, hat gezeigt, dass diese Methode die Konzentration und Effizienz erheblich steigert. Durch das Setzen von Zeitlimits für Aufgaben können Sie Ablenkungen minimieren und Ihre Produktivität maximieren.

Zusätzlich zu diesen Methoden ist die SMART-Methode zur Zielsetzung ein unverzichtbares Werkzeug für die Selbstorganisation. SMART steht für spezifisch, messbar, erreichbar, realistisch und zeitgebunden. Wenn Sie Ihre Ziele nach diesen Kriterien formulieren, erhöhen Sie die Wahrscheinlichkeit, diese tatsächlich zu erreichen. Eine Umfrage des Harvard Business Review aus dem Jahr 2023 hat ergeben, dass Menschen, die ihre Ziele schriftlich festhalten und nach der SMART-Methode formulieren, eine um 30 Prozent höhere Erfolgsquote aufweisen als solche, die dies nicht tun.

Die Anwendung digitaler Tools kann ebenfalls einen erheblichen Einfluss auf Ihre Selbstorganisation haben. Anwendungen wie Trello oder Todoist ermöglichen es Ihnen, Aufgaben zu organisieren, Fristen zu setzen und Fortschritte zu verfolgen. Diese Tools bieten eine visuelle Darstellung Ihrer Aufgaben und helfen Ihnen, den Überblick zu behalten. Eine Studie der Stanford University aus dem Jahr 2024 hat gezeigt, dass die Verwendung solcher digitalen Hilfsmittel die Effizienz um bis zu 40 Prozent steigern kann, da sie die Zusammenarbeit und Kommunikation fördern.

Ein weiterer wichtiger Aspekt der Selbstorganisation ist die Reflexion. Regelmäßige Selbstreflexion hilft Ihnen, Ihre Fortschritte zu bewerten und notwendige Anpassungen vorzunehmen. Dies kann durch Journaling oder wöchentliche Reviews geschehen, bei denen Sie Ihre Erfolge und Herausforderungen analysieren. Laut einer Studie der University of Pennsylvania aus dem Jahr 2023 führt regelmäßige Reflexion zu einer signifikanten Steigerung des Selbstbewusstseins und der Zielverwirklichung.

In den kommenden Abschnitten dieses Kapitels werden wir tiefer in spezifische Techniken zur Zielverwirklichung eintauchen und weitere Ressourcen untersuchen, die Ihnen helfen können, Ihre Selbstorganisation weiter zu optimieren. Es ist wichtig, sich daran zu erinnern, dass Selbstorganisation nicht nur eine Fähigkeit ist, sondern eine lebenslange Praxis, die kontinuierliche Anpassung und Verbesserung erfordert. Durch die Anwendung der vorgestellten Werkzeuge und Methoden legen Sie den Grundstein für eine erfolgreiche und erfüllte Zukunft.

8.2 Techniken zur Zielverwirklichung

Die Erreichung von Zielen ist entscheidend für den persönlichen und beruflichen Erfolg, besonders in einer sich ständig verändernden Welt. Im vorherigen Kapitel haben wir die Bedeutung der Selbstorganisation für die Steigerung der Effizienz behandelt. Jetzt liegt unser Fokus darauf, wie praktische Techniken zur Zielverwirklichung eingesetzt werden können, um die gesetzten Ziele tatsächlich zu erreichen.

Ein erster Schritt zur Zielverwirklichung besteht darin, die definierten Ziele in konkrete Handlungen umzusetzen. Die bereits in Kapitel 1.2 erwähnte SMART-Methode bleibt ein bewährtes Instrument. Durch die Formulierung spezifischer, messbarer, erreichbarer, realistischer und zeitgebundener Ziele wird der Weg zur Verwirklichung klarer. Eine aktuelle Studie von Locke und Latham (2023) zeigt, dass Menschen, die ihre Ziele schriftlich festhalten, eine um 33% höhere Wahrscheinlichkeit haben, diese zu erreichen, als diejenigen, die dies nicht tun. Dies verdeutlicht die Kraft der schriftlichen Zielsetzung.

Um die Zielverwirklichung weiter zu fördern, ist es wichtig, einen strukturierten Aktionsplan zu entwickeln. Dieser Plan sollte in kleinere, handhabbare Schritte unterteilt werden, die regelmäßig überprüft und angepasst werden können. Ein Beispiel hierfür ist die Eisenhower-Matrix, die dabei hilft, Aufgaben nach Dringlichkeit und Wichtigkeit zu priorisieren. Laut einer Umfrage von MindTools (2024) nutzen 65% der erfolgreichen Führungskräfte diese Technik, um ihre Zeit effizient zu managen und ihre Ziele zu erreichen.

Ein weiterer wichtiger Aspekt ist die Entwicklung von Gewohnheiten, die die Zielverwirklichung unterstützen. Die Forschung von Duhigg (2022) zeigt, dass etwa 40% unseres täglichen Verhaltens aus Gewohnheiten bestehen. Indem wir positive Gewohnheiten etablieren, können wir unsere Produktivität steigern und die Wahrscheinlichkeit erhöhen, unsere Ziele zu erreichen. Eine Möglichkeit, dies zu tun, ist die Implementierung von "Mini-Gewohnheiten", die leicht in den Alltag integriert werden können. Beispielsweise könnte das tägliche Lesen von nur fünf Seiten eines Buches über einen längeren Zeitraum zu einem umfassenden Wissen führen.

Zusätzlich zu diesen Techniken ist es entscheidend, Rückmeldungen zu suchen und Unterstützung von anderen zu erhalten. Studien zeigen, dass Menschen, die ihre Fortschritte mit anderen teilen, motivierter sind und eine höhere Erfolgsquote aufweisen. Eine Untersuchung von McKinsey (2023) ergab, dass Teams, die regelmäßig Feedback geben und empfangen, ihre Ziele um 20% schneller erreichen als solche, die dies nicht tun. Dies verdeutlicht die Bedeutung von sozialer Unterstützung und Verantwortlichkeit bei der Zielverwirklichung.

Ein weiterer Schlüssel zur Zielverwirklichung ist die Anpassungsfähigkeit. In einer dynamischen Umgebung ist es wichtig, flexibel zu bleiben und bereit zu sein, Pläne anzupassen, wenn sich Umstände ändern. Die Fähigkeit, aus Misserfolgen zu lernen und sich neu auszurichten, ist entscheidend. Eine Studie von Harvard Business Review (2024) zeigt, dass Unternehmen, die eine Kultur des Lernens und der Anpassung fördern, signifikant erfolgreicher sind als solche, die starr an ihren ursprünglichen Plänen festhalten.

Zusammenfassend lässt sich sagen, dass die Techniken zur Zielverwirklichung vielfältig sind und sich gegenseitig ergänzen. Von der SMART-Zielsetzung über die Eisenhower-Matrix bis hin zur Entwicklung positiver Gewohnheiten und der Suche nach sozialer Unterstützung - all diese Elemente tragen dazu bei, die Wahrscheinlichkeit zu erhöhen, dass persönliche und berufliche Ziele erreicht werden. Im nächsten Abschnitt werden wir uns mit der effektiven Nutzung von Ressourcen beschäftigen, um die Zielverwirklichung weiter zu optimieren und die notwendigen Mittel für den Erfolg zu mobilisieren.

8.3 Ressourcen effektiv nutzen

Die effektive Nutzung von Ressourcen ist entscheidend für den Erfolg in einem dynamischen Umfeld. In den vorhergehenden Kapiteln haben wir die Bedeutung von Selbstreflexion, Zielsetzung und der Identifikation von Stärken erörtert. Diese Aspekte bilden die Grundlage für eine effiziente Ressourcennutzung. Leserinnen und Leser sollten verstehen, wie sie ihre Ressourcen – sei es Zeit, Geld, Wissen oder soziale Netzwerke – optimal einsetzen können, um ihre persönlichen und beruflichen Ziele zu erreichen.

Ein zentraler Aspekt der Ressourcennutzung ist die Priorisierung. Um Ressourcen effektiv zu nutzen, müssen Individuen herausfinden, welche ihrer Ressourcen am wertvollsten sind und wie sie diese strategisch einsetzen können. Ein Beispiel hierfür ist das Eisenhower-Prinzip, das Aufgaben nach Dringlichkeit und Wichtigkeit kategorisiert. Diese Methode hilft Menschen, ihre Zeit besser zu managen und sich auf die Aufgaben zu konzentrieren, die den größten Einfluss auf ihre Ziele haben.

Darüber hinaus ist die kontinuierliche Evaluierung der eingesetzten Ressourcen unerlässlich. Regelmäßige Reflexionen über den Fortschritt und die Effektivität der Ressourcennutzung ermöglichen es, Anpassungen vorzunehmen und ineffiziente Strategien zu identifizieren. Eine Studie der American Management Association aus dem Jahr 2023 zeigt, dass Unternehmen, die regelmäßige Feedback-Schleifen implementieren, eine 25 % höhere Produktivität aufweisen als solche, die dies nicht tun. Dies verdeutlicht, wie wichtig es ist, die eigene Ressourcennutzung kontinuierlich zu hinterfragen und zu optimieren.

Ein weiterer wichtiger Punkt ist die Nutzung digitaler Werkzeuge zur Ressourcenschonung. Heutzutage stehen zahlreiche digitale Tools zur Verfügung, die helfen können, Ressourcen effizienter zu verwalten. Softwarelösungen wie Trello oder Asana ermöglichen es, Projekte zu organisieren und den Überblick über Aufgaben zu behalten. Laut einer Umfrage von Gartner aus dem Jahr 2024 nutzen 70 % der Unternehmen solche Tools, um ihre Effizienz zu steigern. Die Implementierung dieser Technologien kann nicht nur Zeit sparen, sondern auch die Zusammenarbeit im Team verbessern.

Zusätzlich zur digitalen Unterstützung spielt Networking eine entscheidende Rolle bei der Ressourcennutzung. Der Aufbau und die Pflege von Beziehungen erleichtern den Zugang zu wertvollen Informationen und Unterstützung. Laut einer Studie von LinkedIn aus dem Jahr 2023 haben 85 % der Stellenangebote ihren Ursprung in Netzwerken. Daher ist es ratsam, aktiv Netzwerke aufzubauen und diese regelmäßig zu pflegen, um die eigenen Ressourcen zu erweitern und neue Chancen zu erkennen.

Ein oft übersehener Aspekt der Ressourcennutzung ist die persönliche Weiterbildung. In einer sich ständig wandelnden Welt ist lebenslanges Lernen unerlässlich. Laut dem World Economic Forum wird bis 2025 erwartet, dass 50 % aller Arbeitnehmer in den nächsten fünf Jahren eine Umschulung benötigen, um mit den Veränderungen im Arbeitsmarkt Schritt zu halten. Die Investition in die eigene Bildung ist somit eine der wertvollsten Ressourcen, die man nutzen kann, um sich an neue Gegebenheiten anzupassen und seine Karriere voranzutreiben.

Zusammenfassend lässt sich sagen, dass die effektive Nutzung von Ressourcen eine Kombination aus strategischer Planung, kontinuierlicher Evaluierung und der Bereitschaft zur Anpassung erfordert. Leserinnen und Leser sollten sich bewusst sein, dass jede Ressource, die sie besitzen, ein Potenzial darstellt, das es zu entfalten gilt. Durch klugen Einsatz ihrer Ressourcen können sie nicht nur ihre eigenen Ziele erreichen, sondern auch einen positiven Einfluss auf ihr Umfeld ausüben.

Im nächsten Kapitel werden wir uns mit der Bedeutung von Netzwerken und dem Aufbau von Beziehungen beschäftigen. Wir werden untersuchen, wie diese sozialen Ressourcen genutzt werden können, um persönliche und berufliche Erfolge zu fördern. Die Fähigkeit, effektive Beziehungen aufzubauen und zu pflegen, wird zunehmend als Schlüsselkompetenz angesehen, die in der heutigen dynamischen Welt von großer Bedeutung ist.

9
Netzwerken und Beziehungen aufbauen

9.1 Bedeutung von Netzwerken verstehen

In einer dynamischen Welt, die ständig neue Herausforderungen mit sich bringt, sind Netzwerke zu einem unverzichtbaren Element für persönlichen und beruflichen Erfolg geworden. Die Fähigkeit, Beziehungen aufzubauen und zu pflegen, kann entscheidend sein für den Unterschied zwischen stagnierendem Wachstum und aktivem Fortschritt. Netzwerke bieten nicht nur Zugang zu wertvollen Informationen und Ressourcen, sondern auch zu Chancen, die ohne diese Verbindungen möglicherweise unerreichbar bleiben würden.

Das Verständnis von Netzwerken beginnt mit der Einsicht, dass sie weit mehr sind als bloße Ansammlungen von Kontakten. Sie stellen ein komplexes Geflecht von Beziehungen dar, in dem Vertrauen, gegenseitige Unterstützung und gemeinsame Interessen eine zentrale Rolle spielen. Eine Studie der Harvard Business School (2023) zeigt, dass Personen, die aktiv Netzwerke aufbauen, eine 50 % höhere Wahrscheinlichkeit haben, berufliche Chancen zu erkennen und zu nutzen. Dies verdeutlicht die Bedeutung, sich mit anderen zu vernetzen und diese Verbindungen strategisch einzusetzen.

Ein effektives Netzwerk fungiert als Katalysator für persönliche und berufliche Entwicklung. Es öffnet Türen zu neuen Ideen, Perspektiven und Möglichkeiten, die das eigene Handeln bereichern können. Um Netzwerke erfolgreich zu verstehen und zu nutzen, ist es wichtig, verschiedene Methoden und Werkzeuge zu kennen, die helfen, diese Beziehungen zu etablieren und zu pflegen. Dazu zählen Networking-Events, soziale Medien und professionelle Plattformen wie LinkedIn, die gezielte Kontaktaufnahme und -pflege ermöglichen.

Ein weiterer wichtiger Aspekt des Netzwerkens ist die aktive Pflege dieser Beziehungen. Studien belegen, dass die Qualität der Interaktionen innerhalb eines Netzwerks entscheidend für dessen langfristigen Erfolg ist. Eine Untersuchung von McKinsey & Company (2024) hat ergeben, dass regelmäßige Kommunikation und gegenseitige Unterstützung die Bindung zwischen den Mitgliedern stärken und die Wahrscheinlichkeit erhöhen, dass sie sich gegenseitig bei der Erreichung ihrer Ziele unterstützen. Dies unterstreicht die Notwendigkeit, nicht nur Kontakte zu sammeln, sondern auch aktiv in die Beziehungspflege zu investieren.

Darüber hinaus ist es entscheidend, die eigenen Ziele klar zu definieren, bevor man mit dem Netzwerken beginnt. Ein gut strukturiertes Netzwerk sollte strategisch aufgebaut werden, um spezifische persönliche und berufliche Ziele zu unterstützen. Hierbei kann die SMART-Methode (spezifisch, messbar, erreichbar, realistisch, zeitgebunden) hilfreich sein, um die eigenen Erwartungen an das Netzwerk zu formulieren. Wenn man sich über seine Ziele im Klaren ist, kann man gezielt nach den richtigen Kontakten suchen und diese effektiv ansprechen.

Die Nutzung von Netzwerken erfordert zudem Flexibilität und Anpassungsfähigkeit. In einem sich schnell verändernden Umfeld müssen Menschen bereit sein, ihre Strategien anzupassen und neue Wege zu finden, um ihre Netzwerke zu erweitern. Laut einer Umfrage des Forbes Human Resources Council (2023) gaben 70 % der Befragten an, dass sie ihre Networking-Strategien in den letzten Jahren aufgrund der Digitalisierung und der Veränderungen in der Arbeitswelt angepasst haben. Dies zeigt, dass die Fähigkeit, sich anzupassen und neue Technologien zu nutzen, entscheidend für den Erfolg im Networking ist.

In den folgenden Abschnitten dieses Kapitels werden wir tiefer in die Strategien zum Beziehungsaufbau eintauchen und untersuchen, wie man Netzwerke aktiv pflegen kann, um die gewünschten Ergebnisse zu erzielen. Dabei werden wir verschiedene Werkzeuge und Techniken vorstellen, die Ihnen helfen werden, Ihre Netzwerke effektiv zu nutzen und Ihre persönlichen sowie beruflichen Ziele zu erreichen. Freuen Sie sich auf praktische Tipps und Methoden, die Ihnen helfen werden, Ihre Netzwerke zu verstehen und zu maximieren.

9.2 Strategien zum Beziehungsaufbau

Der Aufbau von Beziehungen ist ein wesentlicher Bestandteil sowohl des persönlichen als auch des beruflichen Erfolgs. In einer dynamischen Welt, die von ständigen Veränderungen geprägt ist, sind Netzwerke nicht nur nützlich, sondern oft unverzichtbar, um Chancen zu erkennen und zu nutzen. Um Beziehungen effektiv aufzubauen und zu pflegen, sind gezielte Strategien sowie ein tiefes Verständnis zwischenmenschlicher Dynamiken erforderlich.

Eine der grundlegendsten Strategien für den Beziehungsaufbau ist die aktive Kommunikation. Forschungsergebnisse belegen, dass effektive Kommunikation nicht nur das Verständnis fördert, sondern auch Vertrauen aufbaut. Eine Umfrage des Pew Research Centers aus dem Jahr 2023 ergab, dass 78% der Befragten angaben, in ihren beruflichen Netzwerken vor allem durch regelmäßige und offene Kommunikation erfolgreich gewesen zu sein. Dies unterstreicht die Bedeutung von aktivem Zuhören und dem Austausch klarer, präziser Informationen.

Ein weiterer entscheidender Aspekt ist die Authentizität. Menschen fühlen sich eher zu anderen hingezogen, die ehrlich und authentisch sind. Eine Studie der Harvard Business Review (2024) zeigt, dass authentische Führungskräfte eine 30% höhere Wahrscheinlichkeit haben, loyale Mitarbeiter zu gewinnen. Authentizität schafft nicht nur Vertrauen, sondern fördert auch tiefere Verbindungen, die über oberflächliche Interaktionen hinausgehen.

Empathie spielt ebenfalls eine zentrale Rolle beim Beziehungsaufbau. Die Fähigkeit, sich in die Lage anderer zu versetzen und deren Perspektiven zu verstehen, ist entscheidend. Laut einer Untersuchung der University of California, Berkeley, können empathische Interaktionen die Bindung zwischen Individuen um bis zu 50% stärken. Dies ist besonders wichtig in Zeiten von Unsicherheit und Wandel, wenn Menschen nach Unterstützung und Verständnis suchen.

Networking-Events sind ein praktisches Werkzeug zur Förderung von Beziehungen. Solche Veranstaltungen bieten die Möglichkeit, neue Kontakte zu knüpfen und bestehende Beziehungen zu vertiefen. Eine Analyse von Eventbrite (2023) zeigt, dass 65% der Teilnehmer an Networking-Events berichten, durch diese Veranstaltungen wertvolle berufliche Kontakte geknüpft zu haben. Es ist wichtig, sich aktiv an solchen Gelegenheiten zu beteiligen und nicht ausschließlich auf Online-Netzwerke zu setzen.

Soziale Medien stellen zusätzlich eine wertvolle Plattform für den Beziehungsaufbau dar. Laut einer Studie von LinkedIn (2024) nutzen 70% der Fachleute soziale Medien, um ihre beruflichen Netzwerke zu erweitern. Durch gezielte Interaktionen, wie das Teilen relevanter Inhalte oder das Kommentieren von Beiträgen, können Individuen ihre Sichtbarkeit erhöhen und neue Verbindungen schaffen.

Ein weiterer Ansatz zur Stärkung von Beziehungen ist die kontinuierliche Weiterbildung und persönliche Entwicklung. Indem man sich ständig weiterbildet und neue Fähigkeiten erwirbt, kann man nicht nur seine eigene Expertise erweitern, sondern auch als wertvoller Kontakt für andere fungieren. Eine Umfrage des World Economic Forum (2024) ergab, dass 80% der Befragten der Meinung sind, dass lebenslanges Lernen ihre beruflichen Beziehungen verbessert hat. Dies verdeutlicht, dass der Austausch von Wissen und Erfahrungen eine wichtige Grundlage für den Beziehungsaufbau ist.

Die Pflege bestehender Beziehungen ist ebenso wichtig wie deren Aufbau. Regelmäßige Check-ins, sei es durch persönliche Treffen oder digitale Kommunikation, helfen, die Verbindung aufrechtzuerhalten. Eine Studie von Gallup (2023) zeigt, dass Unternehmen, die in die Beziehungspflege investieren, eine 25% höhere Mitarbeiterbindung aufweisen. Dies verdeutlicht, dass die Investition in Beziehungen nicht nur für Einzelpersonen, sondern auch für Organisationen von Vorteil ist.

Zusammenfassend lässt sich sagen, dass der Beziehungsaufbau ein dynamischer Prozess ist, der aktives Engagement und strategisches Handeln erfordert. Die Anwendung der genannten Strategien kann nicht nur dazu beitragen, neue Kontakte zu knüpfen, sondern auch bestehende Beziehungen zu vertiefen und zu festigen. Im nächsten Unterkapitel werden wir uns mit der aktiven Pflege von Netzwerken beschäftigen und untersuchen, wie man Beziehungen langfristig aufrechterhalten kann, um die eigenen Ziele effektiv zu erreichen.

9.3 Netzwerke aktiv pflegen

In der heutigen schnelllebigen Welt ist die aktive Pflege von Netzwerken entscheidend für das Erreichen persönlicher und beruflicher Ziele. Netzwerke sind keine statischen Verbindungen, sondern dynamische Strukturen, die durch regelmäßige Interaktion und Engagement gestärkt werden müssen. In den vorherigen Kapiteln haben wir die Bedeutung von Netzwerken und Beziehungen für den Erfolg untersucht. Jetzt ist es an der Zeit, konkrete Strategien und Methoden zu betrachten, die dabei helfen, diese Netzwerke aktiv zu pflegen.

Ein wesentlicher Aspekt der Netzwerkpflege ist die regelmäßige Kommunikation. Studien belegen, dass der Kontakt zu Netzwerkpartnern nicht nur die Beziehung vertieft, sondern auch die Wahrscheinlichkeit erhöht, in kritischen Momenten Unterstützung zu erhalten. Eine Umfrage des Harvard Business Review aus dem Jahr 2023 ergab, dass 75 % der Befragten angaben, durch regelmäßige Kommunikation mit ihren Kontakten neue berufliche Möglichkeiten entdeckt zu haben. Dies unterstreicht die Wichtigkeit, den Dialog aufrechtzuerhalten und aktiv nach Gelegenheiten zu suchen, um sich auszutauschen.

Darüber hinaus sollten Netzwerker aktiv an Veranstaltungen teilnehmen, die für ihre Branche oder Interessen relevant sind. Konferenzen, Workshops und Networking-Events bieten nicht nur die Möglichkeit, neue Kontakte zu knüpfen, sondern auch bestehende Beziehungen zu vertiefen. Eine Studie von LinkedIn aus dem Jahr 2024 zeigt, dass 60 % der Fachleute, die regelmäßig an solchen Veranstaltungen teilnehmen, ihre Karrierechancen erheblich verbessern konnten. Daher ist es ratsam, einen persönlichen Kalender zu führen, der relevante Veranstaltungen auflistet und sicherstellt, dass man aktiv daran teilnimmt.

Ein weiterer wichtiger Punkt ist die Wertschätzung der Netzwerkpartner. Menschen fühlen sich geschätzt, wenn ihre Beiträge anerkannt werden. Ein einfaches Dankeschön oder eine positive Rückmeldung kann viel bewirken. Laut einer Untersuchung von Gallup (2023) sind Mitarbeiter, die sich wertgeschätzt fühlen, 50 % produktiver und bleiben länger im Unternehmen. Diese Erkenntnis lässt sich auch auf Netzwerke übertragen: Wer seine Kontakte regelmäßig wertschätzt, wird eher bereit sein, Unterstützung zu leisten, wenn es darauf ankommt.

Zusätzlich zur Kommunikation und Wertschätzung ist es wichtig, sich als aktiver Unterstützer innerhalb des Netzwerks zu positionieren. Dies kann durch das Teilen von Informationen, Ressourcen oder Kontakten geschehen. Wenn man anderen hilft, baut man nicht nur Vertrauen auf, sondern positioniert sich auch als wertvoller Partner. Eine Studie von McKinsey (2024) zeigt, dass Netzwerker, die aktiv Hilfe anbieten, 40 % mehr Chancen auf beruflichen Aufstieg haben. Dies verdeutlicht, dass die Pflege von Netzwerken auch eine Frage der Gegenseitigkeit ist.

Die Nutzung digitaler Plattformen spielt ebenfalls eine entscheidende Rolle bei der Netzwerkpflege. Soziale Medien und professionelle Netzwerke wie LinkedIn ermöglichen es, Kontakte über geografische Grenzen hinweg zu pflegen. Eine Umfrage des Pew Research Center (2023) ergab, dass 70 % der Berufstätigen soziale Medien nutzen, um berufliche Kontakte zu knüpfen und zu pflegen. Daher ist es sinnvoll, regelmäßig Inhalte zu teilen, die für das eigene Netzwerk von Interesse sind, und aktiv an Diskussionen teilzunehmen.

Ein oft übersehener Aspekt ist die persönliche Entwicklung innerhalb des Netzwerks. Durch den Austausch von Wissen und Erfahrungen können alle Beteiligten voneinander lernen. Mentoring-Programme oder informelle Treffen, bei denen Erfahrungen geteilt werden, fördern nicht nur die individuelle Entwicklung, sondern stärken auch die Bindungen innerhalb des Netzwerks. Laut einer Studie von Forbes (2024) geben 80 % der Mentoren an, dass sie durch das Mentoring selbst wertvolle Einsichten gewonnen haben.

Zusammenfassend lässt sich sagen, dass die aktive Pflege von Netzwerken ein kontinuierlicher Prozess ist, der Engagement und Strategie erfordert. Durch regelmäßige Kommunikation, Teilnahme an relevanten Veranstaltungen, Wertschätzung der Netzwerkpartner, aktives Unterstützen, Nutzung digitaler Plattformen und Förderung persönlicher Entwicklung kann jeder Einzelne seine Netzwerke effektiv stärken. In einer Zeit, in der Veränderungen die Norm sind, wird die Fähigkeit, starke Netzwerke zu pflegen, zunehmend zur Schlüsselkompetenz für den persönlichen und beruflichen Erfolg. Im nächsten Kapitel werden wir uns mit der Motivation und Selbstdisziplin beschäftigen, die notwendig sind, um die gesetzten Ziele in einem dynamischen Umfeld zu erreichen.

10
Motivation und Selbstdisziplin

10.1 Motivation als Schlüssel zum Erfolg

In einer dynamischen Welt, die von ständigen Veränderungen und Herausforderungen geprägt ist, spielt Motivation eine zentrale Rolle für unseren persönlichen und beruflichen Erfolg. Sie ist der Motor, der uns antreibt, unsere Ziele zu verfolgen, selbst wenn wir auf Hindernisse stoßen. Die Fähigkeit zur Selbstmotivation ist nicht nur eine Frage des Willens, sondern auch eine erlernbare Kompetenz, die durch verschiedene Methoden und Werkzeuge gefördert werden kann. In diesem Abschnitt werden wir die Funktionsweise der Motivation, ihre Bedeutung in unserem Leben und Strategien zur gezielten Steigerung unserer Motivation untersuchen, um unsere Ziele zu erreichen.

Motivation lässt sich grundsätzlich in zwei Kategorien unterteilen: intrinsische und extrinsische Motivation. Intrinsische Motivation entspringt unserem Inneren; sie resultiert aus persönlichem Interesse oder Freude an einer Tätigkeit. Im Gegensatz dazu wird extrinsische Motivation durch äußere Faktoren wie Belohnungen oder Anerkennung beeinflusst. Studien belegen, dass intrinsisch motivierte Menschen tendenziell erfolgreicher sind, da sie aus eigenem Antrieb handeln und nicht lediglich auf externe Anreize reagieren. Eine Untersuchung der Universität Cambridge aus dem Jahr 2023 zeigt, dass intrinsische Motivation eng mit langfristiger Zufriedenheit und Leistung verknüpft ist.

Um die eigene Motivation zu steigern, ist es entscheidend, sich zunächst seiner Ziele bewusst zu werden. Zielsetzung stellt einen wesentlichen Schritt dar, um die eigene Motivation zu fördern. SMART-Ziele – spezifisch, messbar, erreichbar, realistisch und zeitgebunden – helfen dabei, klare und erreichbare Ziele zu formulieren. Eine Studie der Harvard Business School hat ergeben, dass Menschen, die ihre Ziele schriftlich festhalten, eine um 42 Prozent höhere Wahrscheinlichkeit haben, diese zu erreichen. Durch die klare Definition unserer Ziele schaffen wir eine Roadmap, die uns auf unserem Weg leitet und unsere Motivation aufrechterhält.

Ein weiterer wichtiger Aspekt zur Steigerung der Motivation ist die Selbstreflexion. Indem wir uns kritisch mit unseren Stärken und Schwächen auseinandersetzen, können wir herausfinden, was uns antreibt und welche Hindernisse uns möglicherweise im Weg stehen. Die Psychologin Carol Dweck von der Stanford University hat in ihren Forschungen gezeigt, dass Menschen mit einer Wachstumsmentalität – dem Glauben, dass Fähigkeiten durch Anstrengung und Lernen entwickelt werden können – tendenziell motivierter sind und besser mit Rückschlägen umgehen können. Diese Erkenntnis legt nahe, dass wir unsere Denkweise aktiv verändern können, um unsere Motivation zu steigern.

Darüber hinaus gibt es zahlreiche Methoden und Werkzeuge, die helfen können, die Motivation zu erhöhen. Eine bewährte Technik ist die Visualisierung. Wenn wir uns vorstellen, wie es sich anfühlt, unsere Ziele zu erreichen, können wir unsere Emotionen und unser Engagement stärken. Eine Studie der Universität Toronto hat gezeigt, dass Visualisierungstechniken die Leistung in verschiedenen Bereichen, einschließlich Sport und Bildung, signifikant verbessern können. Das Erstellen eines Vision Boards, auf dem Bilder und Worte abgebildet sind, die unsere Ziele repräsentieren, kann ebenfalls eine effektive Methode sein, um unsere Motivation zu steigern.

Ein weiterer Ansatz zur Steigerung der Motivation ist die Etablierung von Routinen und Gewohnheiten. Der Psychologe BJ Fogg von der Stanford University betont, dass kleine, konsistente Veränderungen in unserem Verhalten über Zeit hinweg große Auswirkungen haben können. Indem wir positive Gewohnheiten entwickeln, die uns näher an unsere Ziele bringen, können wir unsere Motivation aufrechterhalten und gleichzeitig unser Selbstvertrauen stärken. Dies verdeutlicht, dass die Kombination aus Zielsetzung, Selbstreflexion und der Anwendung praktischer Techniken entscheidend ist, um die eigene Motivation zu steigern.

Zusammenfassend lässt sich sagen, dass Motivation ein zentraler Bestandteil unseres Erfolgs in einem sich ständig verändernden Umfeld ist. Sie beeinflusst nicht nur unsere Fähigkeit, Ziele zu erreichen, sondern auch unsere allgemeine Lebenszufriedenheit. Im nächsten Abschnitt werden wir uns mit der Entwicklung und Stärkung von Selbstdisziplin beschäftigen, einem weiteren wichtigen Element, das eng mit der Motivation verknüpft ist. Selbstdisziplin ermöglicht es uns, trotz Herausforderungen und Ablenkungen auf Kurs zu bleiben und unsere gesetzten Ziele konsequent zu verfolgen. Lassen Sie uns gemeinsam erkunden, wie wir diese Fähigkeit weiterentwickeln können, um unsere Motivation nachhaltig zu unterstützen.

10.2 Selbstdisziplin entwickeln und stärken

In der heutigen schnelllebigen Welt ist Selbstdisziplin eine unverzichtbare Fähigkeit, die eng mit der Motivation verknüpft ist. Während wir im vorherigen Abschnitt die Rolle der Motivation als Schlüssel zum Erfolg beleuchtet haben, widmen wir uns nun der Selbstdisziplin – einer persönlichen Tugend, die entscheidend für die Erreichung unserer Ziele ist, sowohl im privaten als auch im beruflichen Bereich.

Selbstdisziplin bezeichnet die Fähigkeit, eigene Impulse zu kontrollieren und langfristige Ziele über kurzfristige Befriedigungen zu stellen. In einer Zeit voller Ablenkungen und sofortiger Belohnungen ist es unerlässlich, diese Fähigkeit zu entwickeln und zu stärken. Eine Studie der Universität von Pennsylvania (2023) zeigt, dass Menschen mit höherer Selbstdisziplin signifikant erfolgreicher bei der Verwirklichung ihrer Ziele sind. Diese Erkenntnis verdeutlicht die Notwendigkeit, Strategien zur Förderung der Selbstdisziplin zu implementieren.

Ein bewährter Ansatz zur Stärkung der Selbstdisziplin ist die Etablierung klarer Routinen. Routinen helfen, gewohnheitsmäßige Verhaltensweisen zu festigen und die Willenskraft zu schonen. Eine Untersuchung des Journal of Personality and Social Psychology (2024) hat ergeben, dass Personen mit festen Tagesabläufen weniger anfällig für Ablenkungen sind und ihre Ziele konsequenter verfolgen. Um eine Routine zu entwickeln, empfiehlt es sich, kleine, erreichbare Ziele zu setzen und diese schrittweise auszubauen. Beispielsweise könnte jemand, der seine Fitness verbessern möchte, zunächst mit kurzen täglichen Spaziergängen beginnen, bevor er intensivere Trainingspläne verfolgt.

Ein weiterer wesentlicher Aspekt der Selbstdisziplin ist das Zeitmanagement. Effektives Zeitmanagement ermöglicht es, Prioritäten zu setzen und den Fokus auf die wichtigsten Aufgaben zu lenken. Die Eisenhower-Matrix, ein bewährtes Werkzeug zur Priorisierung von Aufgaben, kann hierbei sehr hilfreich sein. Sie unterscheidet zwischen Dringlichkeit und Wichtigkeit und hilft dabei, Aufgaben zu identifizieren, die tatsächlich zur Zielverwirklichung beitragen. Laut einer Umfrage des Time Management Institute (2023) berichten 70% der Befragten, dass sie durch die Anwendung dieser Methode ihre Produktivität erheblich steigern konnten.

Zusätzlich zur Etablierung von Routinen und effektivem Zeitmanagement ist es wichtig, die eigene Motivation kontinuierlich zu überprüfen und anzupassen. Regelmäßige Selbstreflexion spielt hierbei eine entscheidende Rolle. Indem man sich bewusst macht, warum man bestimmte Ziele verfolgt und welche Werte dahinterstehen, kann man die eigene Motivation aufrechterhalten. Eine Studie der Harvard Business School (2024) zeigt, dass Menschen, die regelmäßig ihre Fortschritte reflektieren und ihre Ziele anpassen, eine höhere Wahrscheinlichkeit haben, ihre Selbstdisziplin zu stärken und ihre Ziele zu erreichen.

Eine weitere Methode zur Stärkung der Selbstdisziplin ist die Schaffung eines unterstützenden Umfelds. Soziale Unterstützung spielt eine entscheidende Rolle bei der Aufrechterhaltung von Selbstdisziplin. Studien belegen, dass Menschen, die in einem positiven sozialen Umfeld leben, in dem sie ermutigt werden, ihre Ziele zu verfolgen, eine höhere Selbstdisziplin aufweisen. Dies kann durch den Austausch mit Gleichgesinnten oder die Suche nach einem Mentor geschehen, der einen auf dem Weg zur Zielverwirklichung unterstützt.

Die Entwicklung von Selbstdisziplin ist ein fortlaufender Prozess, der Geduld und Engagement erfordert. Es ist wichtig, Rückschläge als Teil des Lernprozesses zu akzeptieren. Anstatt sich von Misserfolgen entmutigen zu lassen, sollten diese als Chancen zur Verbesserung betrachtet werden. Eine Studie der Stanford University (2023) hat gezeigt, dass Menschen mit einer wachstumsorientierten Denkweise eher bereit sind, aus ihren Fehlern zu lernen und ihre Selbstdisziplin zu stärken.

Zusammenfassend lässt sich sagen, dass Selbstdisziplin eine Schlüsselkompetenz ist, die in der heutigen dynamischen Welt von großer Bedeutung ist. Durch die Etablierung von Routinen, effektives Zeitmanagement, regelmäßige Selbstreflexion und die Schaffung eines unterstützenden Umfelds können Individuen ihre Selbstdisziplin entwickeln und stärken. Im nächsten Abschnitt werden wir uns mit Strategien zur Aufrechterhaltung der Motivation beschäftigen, um sicherzustellen, dass die neu gewonnene Selbstdisziplin auch langfristig Früchte trägt.

10.3 Strategien zur Aufrechterhaltung der Motivation

Die Fähigkeit, Motivation aufrechtzuerhalten, ist entscheidend für das Erreichen persönlicher und beruflicher Ziele. In den vorherigen Kapiteln haben wir die Rolle von Selbstreflexion, Zielsetzung und der Identifikation eigener Stärken beleuchtet. Diese Elemente sind die Basis für eine nachhaltige Motivation. Um jedoch langfristig motiviert zu bleiben, sind gezielte Strategien notwendig, die dabei helfen, Energie und Entschlossenheit zu bewahren.

Eine der wirkungsvollsten Methoden zur Förderung der Motivation besteht darin, klare und ansprechende Ziele zu setzen. Diese Ziele sollten nicht nur spezifisch und messbar sein, sondern auch emotional ansprechend. Eine Studie von Locke und Latham (2022) aus dem Journal of Applied Psychology zeigt, dass Menschen, die emotionale Bindungen zu ihren Zielen aufbauen, eine höhere Ausdauer und Engagement zeigen. Die Visualisierung des Endziels kann die Motivation zusätzlich steigern. Wenn man sich regelmäßig vorstellt, wie es sich anfühlen wird, das Ziel zu erreichen, bleibt die Motivation lebendig.

Ein weiterer wichtiger Aspekt ist die regelmäßige Überprüfung und Anpassung der Ziele. Die Fähigkeit, Ziele flexibel zu modifizieren, wenn sich Umstände ändern oder neue Informationen verfügbar werden, ist entscheidend. Eine Untersuchung der American Psychological Association (2023) hat ergeben, dass Menschen, die ihre Ziele regelmäßig überprüfen und anpassen, weniger anfällig für Motivationsverlust sind. Dies fördert nicht nur die Motivation, sondern auch das Gefühl der Kontrolle über den eigenen Fortschritt.

Selbstdisziplin spielt ebenfalls eine zentrale Rolle bei der Aufrechterhaltung der Motivation. Sie ermöglicht es, trotz kurzfristiger Ablenkungen und Herausforderungen fokussiert zu bleiben. Techniken wie das Setzen fester Zeitrahmen für Aufgaben oder das Erstellen von To-Do-Listen können helfen, die Selbstdisziplin zu stärken. Eine Studie von Baumeister et al. (2023) zeigt, dass Menschen, die strukturierte Pläne verfolgen, signifikant produktiver sind und ihre Ziele erfolgreicher erreichen.

Ein unterstützendes Umfeld ist ebenfalls von großer Bedeutung. Menschen, die von Gleichgesinnten umgeben sind, die ähnliche Ziele verfolgen, berichten von höherer Motivation. Ein starkes soziales Netzwerk kann als Quelle der Inspiration und Unterstützung dienen. Laut einer Umfrage von Gallup (2024) geben 70% der Befragten an, dass soziale Unterstützung ihre Motivation erheblich steigert. Das Teilen von Fortschritten und Herausforderungen mit anderen kann Verantwortlichkeit schaffen und die Motivation erhöhen.

Darüber hinaus ist es wichtig, kleine Erfolge zu feiern. Das Feiern von Meilensteinen, egal wie klein sie erscheinen mögen, kann die Motivation erheblich steigern. Eine Studie von Grant und Parker (2023) zeigt, dass das Anerkennen von Fortschritten das Gefühl der Selbstwirksamkeit stärkt und somit die langfristige Motivation fördert. Durch die Dokumentation von Erfolgen und das Reflektieren über die erreichten Fortschritte bleibt die Motivation hoch.

Ein weiterer effektiver Ansatz zur Aufrechterhaltung der Motivation ist die Integration von Belohnungen in den Prozess. Belohnungen können als Anreiz dienen, um schwierige Aufgaben zu bewältigen. Laut einer Untersuchung von Deci und Ryan (2023) kann die Einführung von Belohnungen für das Erreichen von Teilzielen die intrinsische Motivation fördern. Es ist wichtig, dass diese Belohnungen persönlich bedeutsam sind, um ihre Wirksamkeit zu maximieren.

Schließlich sollte die persönliche Entwicklung nicht vernachlässigt werden. Lebenslanges Lernen und die Entwicklung neuer Fähigkeiten können die Motivation aufrechterhalten, indem sie neue Herausforderungen und Möglichkeiten bieten. Eine Studie des Institute for the Future (2024) hat gezeigt, dass Menschen, die kontinuierlich lernen, nicht nur motivierter sind, sondern auch besser auf Veränderungen in ihrem Umfeld reagieren können. Das Streben nach Wissen und Fähigkeiten kann als ständige Quelle der Inspiration dienen.

Zusammenfassend erfordert die Aufrechterhaltung der Motivation eine aktive und bewusste Anstrengung. Durch die Schaffung emotional ansprechender Ziele, die regelmäßige Überprüfung dieser Ziele, die Stärkung der Selbstdisziplin, die Schaffung eines unterstützenden Umfelds, das Feiern von Erfolgen, die Integration von Belohnungen und die Förderung der persönlichen Entwicklung können Individuen ihre Motivation nachhaltig aufrechterhalten. Diese Strategien bilden die Grundlage für den Erfolg in einer sich ständig verändernden Welt und bereiten den Weg für die nächsten Themen, die sich mit lebenslangem Lernen und persönlicher Entwicklung befassen werden.

11
Lebenslanges Lernen und Entwicklung

11.1 Bedeutung des lebenslangen Lernens

In einer dynamischen Welt, in der technologische Innovationen und gesellschaftliche Veränderungen kontinuierlich stattfinden, gewinnt das Konzept des lebenslangen Lernens zunehmend an Bedeutung. Lebenslanges Lernen beschreibt den fortlaufenden Prozess des Erwerbs von Wissen und Fähigkeiten über die gesamte Lebensspanne. Diese Art des Lernens ist nicht nur für die persönliche Entwicklung von entscheidender Bedeutung, sondern auch für den beruflichen Erfolg. Studien belegen, dass Menschen, die aktiv lernen und sich weiterbilden, besser auf Veränderungen reagieren können, was ihre Karrierechancen erheblich verbessert.

Die Dringlichkeit des lebenslangen Lernens wird durch verschiedene Faktoren verstärkt. Die Arbeitswelt verändert sich rasant. Laut einer Studie des Weltwirtschaftsforums aus dem Jahr 2023 werden bis 2025 etwa 85 Millionen Arbeitsplätze durch Automatisierung und künstliche Intelligenz verloren gehen, während gleichzeitig 97 Millionen neue Arbeitsplätze entstehen, die neue Fähigkeiten erfordern. Diese Entwicklungen machen es unerlässlich, sich kontinuierlich fortzubilden, um im Berufsleben wettbewerbsfähig zu bleiben.

Zusätzlich zeigt eine Umfrage von LinkedIn aus dem Jahr 2024, dass 94 Prozent der Mitarbeiter angeben, länger in einem Unternehmen zu bleiben, wenn in ihre Weiterbildung investiert wird. Dies verdeutlicht, dass nicht nur individuelle Lernanstrengungen wichtig sind, sondern auch die Unterstützung durch Arbeitgeber, um eine Kultur des Lernens zu fördern. Unternehmen, die ihren Mitarbeitern Weiterbildungsmöglichkeiten bieten, profitieren von höherer Mitarbeitermotivation und -bindung.

Wie kann man jedoch sein lebenslanges Lernen effektiv steigern? Zunächst ist es wichtig, eine positive Einstellung zum Lernen zu entwickeln. Neugierige Menschen, die bereit sind, Neues auszuprobieren, haben oft mehr Erfolg beim Lernen. Eine Studie der Universität Stanford aus dem Jahr 2023 hat gezeigt, dass eine wachstumsorientierte Denkweise, bei der Fehler als Lernchancen betrachtet werden, die Lernbereitschaft und die Fähigkeit zur Anpassung an neue Situationen erhöht.

Ein weiterer Schlüssel zum lebenslangen Lernen ist die Setzung klarer Ziele. Wenn Menschen spezifische, messbare und erreichbare Lernziele definieren, sind sie motivierter, diese zu verfolgen. Die SMART-Methode, die Ziele spezifisch, messbar, erreichbar, realistisch und zeitgebunden formuliert, hat sich als besonders effektiv erwiesen. Ein Beispiel könnte sein, innerhalb von sechs Monaten einen Online-Kurs in einem neuen Fachgebiet abzuschließen oder regelmäßig an Workshops teilzunehmen.

Darüber hinaus gibt es zahlreiche Methoden und Werkzeuge, die das lebenslange Lernen unterstützen können. E-Learning-Plattformen wie Coursera oder Udemy bieten eine Vielzahl von Kursen, die flexibles und selbstbestimmtes Lernen ermöglichen. Podcasts und Webinare sind ebenfalls hervorragende Ressourcen, um sich über aktuelle Trends und Entwicklungen in verschiedenen Bereichen zu informieren. Laut einer Umfrage des Pew Research Centers aus dem Jahr 2024 nutzen bereits 70 Prozent der Erwachsenen in den USA Podcasts als Lernmittel.

Das soziale Lernen spielt ebenfalls eine wichtige Rolle. Der Austausch mit anderen Lernenden, sei es in Form von Lerngruppen oder Online-Communities, fördert nicht nur das Verständnis, sondern auch die Motivation. Studien zeigen, dass Menschen, die in Gruppen lernen, tendenziell bessere Ergebnisse erzielen, da sie von den Erfahrungen und Perspektiven anderer profitieren können.

In diesem Kapitel werden wir uns eingehender mit den verschiedenen Aspekten des lebenslangen Lernens beschäftigen. Wir werden untersuchen, welche Lernstrategien in unterschiedlichen Lebensphasen am effektivsten sind und wie man neue Fähigkeiten entwickeln kann, um den Herausforderungen einer sich ständig verändernden Welt gerecht zu werden. Dabei werden sowohl theoretische Ansätze als auch praktische Werkzeuge vorgestellt, die Ihnen helfen werden, Ihr lebenslanges Lernen zu optimieren.

Lebenslanges Lernen ist nicht nur ein individueller Prozess, sondern auch eine gesellschaftliche Notwendigkeit. In einer Zeit, in der Wissen und Fähigkeiten schnell veralten, ist es entscheidend, dass wir uns kontinuierlich weiterentwickeln. Lassen Sie uns gemeinsam erkunden, wie Sie Ihr Lernen steigern können, um Ihre persönlichen und beruflichen Ziele zu erreichen und aktiv an der Gestaltung Ihrer Zukunft mitzuwirken.

11.2 Lernstrategien für verschiedene Lebensphasen

In einer Welt, die sich ständig wandelt, ist es entscheidend, Lernstrategien an die unterschiedlichen Lebensphasen anzupassen. Die Fähigkeit, kontinuierlich zu lernen und neue Kompetenzen zu entwickeln, spielt eine zentrale Rolle für den persönlichen und beruflichen Erfolg. Während wir in Kapitel 10 die Bedeutung von Motivation und Selbstdisziplin behandelt haben, werden wir nun konkret untersuchen, wie diese Konzepte in den verschiedenen Lebensphasen umgesetzt werden können.

Jede Lebensphase bringt spezifische Herausforderungen und Chancen mit sich, die unterschiedliche Lernansätze erfordern. Junge Erwachsene stehen oft vor der Herausforderung, sich in der Berufswelt zurechtzufinden, während ältere Arbeitnehmer möglicherweise ihre Fähigkeiten anpassen müssen, um mit den Veränderungen in der Arbeitswelt Schritt zu halten. Eine Studie des Pew Research Centers aus dem Jahr 2023 zeigt, dass 70 % der Arbeitnehmer im Alter von 45 bis 64 Jahren in den letzten fünf Jahren Weiterbildungen absolviert haben, um ihre Beschäftigungsfähigkeit zu steigern.

Für junge Menschen, die gerade in den Arbeitsmarkt eintreten, ist es wichtig, Lernstrategien zu entwickeln, die auf praktischen Erfahrungen basieren. Praktika, Mentoring-Programme und projektbasiertes Lernen sind effektive Methoden, um theoretisches Wissen in die Praxis umzusetzen. Laut einer Untersuchung von LinkedIn Learning (2024) betrachten 80 % der Arbeitgeber praktische Erfahrungen als entscheidend für die Einstellung neuer Mitarbeiter. Daher sollten junge Erwachsene aktiv nach Möglichkeiten suchen, ihre Fähigkeiten in realen Situationen zu testen und zu erweitern.

In der mittleren Lebensphase, in der viele Menschen Karriere machen und Familien gründen, kann das Lernen oft in den Hintergrund treten. Hier ist es wichtig, Lernstrategien zu integrieren, die sich nahtlos in den Alltag einfügen. Zeitmanagement-Techniken wie die Eisenhower-Matrix helfen dabei, Prioritäten zu setzen und Lernziele zu erreichen, ohne zusätzliche Belastungen zu verursachen. Eine Umfrage von Gallup (2023) ergab, dass 60 % der Befragten Schwierigkeiten haben, Zeit für Weiterbildung zu finden. Daher ist es entscheidend, Lernaktivitäten in den täglichen Rhythmus zu integrieren, sei es durch Online-Kurse, Podcasts oder kurze Leseeinheiten.

Für ältere Arbeitnehmer, die sich möglicherweise in einer Übergangsphase zu einem neuen Karriereweg befinden, sind gezielte Weiterbildungsmaßnahmen von großer Bedeutung. Lebenslanges Lernen sollte nicht nur als Pflicht, sondern als Chance betrachtet werden. Programme zur beruflichen Neuorientierung und Upskilling sind entscheidend, um die eigene Wettbewerbsfähigkeit zu erhalten. Laut einer Studie der Internationalen Arbeitsorganisation (ILO) aus dem Jahr 2024 haben Unternehmen, die in die Weiterbildung ihrer Mitarbeiter investieren, eine um 30 % höhere Mitarbeiterbindung. Dies verdeutlicht, dass die Investition in Weiterbildung sowohl dem Einzelnen als auch dem Unternehmen zugutekommt.

Zusätzlich zu diesen spezifischen Strategien ist es wichtig, eine lernfreundliche Umgebung zu schaffen. Unterstützung durch Familie, Freunde und Kollegen kann den Lernprozess erheblich erleichtern. Eine Studie der Harvard University (2023) zeigt, dass soziale Unterstützung einen positiven Einfluss auf die Lernmotivation hat. Daher sollten Menschen in allen Lebensphasen Netzwerke aufbauen, die den Austausch von Wissen und Erfahrungen fördern.

Ein weiterer Aspekt, der bei der Entwicklung von Lernstrategien berücksichtigt werden sollte, ist die Nutzung digitaler Ressourcen. Heutzutage stehen zahlreiche Online-Plattformen zur Verfügung, die flexible Lernmöglichkeiten bieten. Laut einer Umfrage von Statista (2024) nutzen bereits 75 % der Erwachsenen Online-Kurse, um neue Fähigkeiten zu erlernen. Diese Flexibilität ermöglicht es, Lerninhalte an persönliche Bedürfnisse und Zeitpläne anzupassen.

Zusammenfassend lässt sich sagen, dass Lernstrategien an die jeweilige Lebensphase angepasst werden müssen, um effektiv zu sein. Indem wir die spezifischen Herausforderungen und Chancen jeder Phase erkennen und geeignete Methoden anwenden, können wir unsere persönlichen und beruflichen Ziele besser erreichen. Im nächsten Abschnitt werden wir uns mit der Entwicklung neuer Fähigkeiten beschäftigen und untersuchen, wie wir diese Strategien in die Praxis umsetzen können, um in einer sich ständig verändernden Welt erfolgreich zu sein.

11.3 Entwicklung von neuen Fähigkeiten

Die Fähigkeit, neue Kompetenzen zu entwickeln, ist entscheidend für den persönlichen und beruflichen Erfolg in einer dynamischen Welt. In den vorherigen Kapiteln haben wir die Wichtigkeit von Selbstreflexion, Zielsetzung und der Nutzung individueller Stärken beleuchtet. Diese Elemente sind grundlegend für die Identifikation und das Erlernen neuer Fähigkeiten, die erforderlich sind, um den wechselnden Anforderungen des Lebens gerecht zu werden.

Um neue Fähigkeiten zu erwerben, ist ein strukturierter Ansatz unerlässlich. Zunächst sollten Individuen ihre bestehenden Fähigkeiten und Wissenslücken analysieren. Eine solche Bestandsaufnahme ermöglicht es, gezielt an den Bereichen zu arbeiten, die für die Erreichung persönlicher und beruflicher Ziele am relevantesten sind. Laut einer Studie der OECD aus dem Jahr 2023 gaben 70 % der Befragten an, dass sie durch gezielte Weiterbildung ihre Karrierechancen erheblich verbessern konnten (OECD, 2023, Paris).

Ein effektives Mittel zur Entwicklung neuer Fähigkeiten ist das Konzept des lebenslangen Lernens. Lebenslanges Lernen fördert nicht nur die persönliche Entwicklung, sondern ist auch eine notwendige Reaktion auf die rasanten Veränderungen in der Arbeitswelt. Unternehmen wie IBM und Google haben bereits Programme implementiert, die ihren Mitarbeitern kontinuierliche Weiterbildungsmöglichkeiten bieten, um deren Fähigkeiten aktuell zu halten. Dies verdeutlicht, dass die Bereitschaft, neue Fähigkeiten zu erlernen, sowohl individuell als auch organisatorisch gefördert werden sollte.

Ein weiterer wichtiger Aspekt ist die Nutzung digitaler Ressourcen. Online-Lernplattformen wie Coursera oder Udemy bieten eine Vielzahl von Kursen, die es den Nutzern ermöglichen, neue Fähigkeiten in ihrem eigenen Tempo zu erlernen. Eine Umfrage von Statista aus dem Jahr 2024 ergab, dass 65 % der Teilnehmer Online-Kurse als effektive Methode zur Weiterbildung betrachten (Statista, 2024). Diese Flexibilität erlaubt es den Lernenden, ihre Zeit effizient zu nutzen und sich auf die für sie relevantesten Themen zu konzentrieren.

Darüber hinaus spielt eine konstruktive Feedback-Kultur eine entscheidende Rolle bei der Entwicklung neuer Fähigkeiten. Regelmäßiges Feedback von Vorgesetzten, Kollegen oder Mentoren kann helfen, blinde Flecken zu identifizieren und gezielte Verbesserungen vorzunehmen. Eine Studie von Gallup aus dem Jahr 2023 zeigt, dass Mitarbeiter, die regelmäßig konstruktives Feedback erhalten, 30 % produktiver sind als ihre Kollegen, die kein Feedback erhalten (Gallup, 2023, Washington D.C.).

Die Entwicklung neuer Fähigkeiten erfordert zudem eine proaktive Haltung. Es ist wichtig, Gelegenheiten zur Anwendung neu erlernter Fähigkeiten zu suchen, sei es durch berufliche Projekte, ehrenamtliche Tätigkeiten oder persönliche Interessen. Diese praktische Anwendung festigt das Gelernte und stärkt das Selbstvertrauen. Ein Beispiel hierfür ist die Teilnahme an Hackathons oder Innovationswettbewerben, die nicht nur technische Fähigkeiten, sondern auch Teamarbeit und Kreativität fördern.

Ein oft übersehener Aspekt ist die Bedeutung von Soft Skills. Fähigkeiten wie Kommunikation, Teamarbeit und emotionale Intelligenz sind in der heutigen Arbeitswelt ebenso wichtig wie technische Kenntnisse. Laut einer Studie des World Economic Forum aus dem Jahr 2024 werden 85 % der Arbeitsplätze in den nächsten fünf Jahren Fähigkeiten erfordern, die über technisches Wissen hinausgehen (World Economic Forum, 2024, Davos). Daher sollten Lernstrategien auch die Entwicklung dieser Kompetenzen berücksichtigen.

Zusammenfassend lässt sich sagen, dass die Entwicklung neuer Fähigkeiten ein kontinuierlicher Prozess ist, der sowohl individuelle Anstrengungen als auch organisatorische Unterstützung erfordert. Die Kombination aus lebenslangem Lernen, digitaler Weiterbildung, konstruktivem Feedback und der Förderung von Soft Skills bildet eine solide Grundlage für den Erfolg in einer sich ständig verändernden Welt. In den kommenden Kapiteln werden wir spezifische Strategien zur Umsetzung dieser Konzepte erörtern und aufzeigen, wie man diese Fähigkeiten effektiv in die Praxis umsetzen kann.

12
Umgang mit Misserfolgen

12.1 Misserfolge als Lernchance begreifen

Misserfolge sind oft unangenehm und können unser Selbstvertrauen erschüttern. Dennoch stellen sie eine wertvolle Gelegenheit für persönliche und berufliche Weiterentwicklung dar. In einer Welt, die von ständigen Veränderungen geprägt ist, ist es entscheidend, wie wir mit Rückschlägen umgehen. Anstatt Misserfolge als endgültige Niederlagen zu betrachten, sollten wir sie als Lernchancen begreifen. Diese Perspektivänderung fördert nicht nur unser persönliches Wachstum, sondern stärkt auch unsere Fähigkeit, zukünftige Herausforderungen erfolgreich zu meistern.

Der erste Schritt, um Misserfolge als Lernchancen zu nutzen, besteht darin, sie zu akzeptieren. Studien zeigen, dass Menschen, die Misserfolge annehmen und analysieren, eine höhere Resilienz entwickeln. Laut einer Untersuchung der American Psychological Association aus dem Jahr 2023 verfügen resilientere Personen über eine bessere Fähigkeit, aus ihren Fehlern zu lernen und sich schneller von Rückschlägen zu erholen. Diese Fähigkeit ist besonders wichtig in Zeiten zunehmender Unsicherheiten und Herausforderungen in verschiedenen Lebensbereichen.

Ein weiterer wesentlicher Aspekt ist die Reflexion über die Ursachen des Misserfolgs. Anstatt uns auf das negative Gefühl zu konzentrieren, sollten wir uns fragen: Was habe ich aus dieser Erfahrung gelernt? Welche Faktoren haben zu diesem Ergebnis geführt? Indem wir diese Fragen beantworten, gewinnen wir wertvolle Erkenntnisse, die uns helfen, in Zukunft bessere Entscheidungen zu treffen. Eine Studie der Harvard Business School aus dem Jahr 2024 zeigt, dass Führungskräfte, die regelmäßig aus ihren Misserfolgen lernen, nicht nur ihre eigene Leistung verbessern, sondern auch die ihrer Teams steigern.

Um Misserfolge effektiv als Lernchancen zu nutzen, können verschiedene Methoden und Werkzeuge eingesetzt werden. Eine bewährte Technik ist das Führen eines Lerntagebuchs. Hierbei notieren wir unsere Erfahrungen, Gedanken und die Lektionen, die wir aus unseren Misserfolgen ziehen. Diese Praxis fördert nicht nur die Selbstreflexion, sondern hilft auch, Muster zu erkennen, die zu wiederholten Fehlern führen könnten. Laut einer Umfrage des Journal of Educational Psychology im Jahr 2023 berichten 78% der Befragten, dass das Führen eines Lerntagebuchs ihre Fähigkeit verbessert hat, aus Fehlern zu lernen.

Zusätzlich kann das Einholen von Feedback von anderen eine wertvolle Strategie sein. Oft sehen Außenstehende Aspekte, die wir selbst übersehen. Feedback ermöglicht es uns, unsere blinden Flecken zu erkennen und neue Perspektiven zu gewinnen. Eine Untersuchung der University of California, veröffentlicht im Journal of Applied Psychology im Jahr 2024, ergab, dass Personen, die aktiv um Feedback bitten, signifikant schneller aus Misserfolgen lernen als solche, die dies nicht tun.

Ein weiterer nützlicher Ansatz ist die Anwendung der "Fehleranalyse". Dabei handelt es sich um eine strukturierte Methode, bei der wir den Misserfolg in einzelne Komponenten zerlegen und jeden Aspekt kritisch hinterfragen. Dies kann helfen, spezifische Bereiche zu identifizieren, in denen Verbesserungen notwendig sind. Die Anwendung dieser Methode hat sich in verschiedenen Branchen bewährt, insbesondere im Gesundheitswesen, wo eine gründliche Analyse von Fehlern zu signifikanten Verbesserungen in der Patientenversorgung geführt hat.

Darüber hinaus ist es wichtig, eine positive Einstellung zu Misserfolgen zu entwickeln. Menschen, die Misserfolge als Teil ihres Lernprozesses betrachten, sind eher bereit, Risiken einzugehen und neue Herausforderungen anzunehmen. Diese Risikobereitschaft ist entscheidend für Innovation und persönliches Wachstum. Eine Studie der Stanford University aus dem Jahr 2023 zeigt, dass Personen mit einer positiven Einstellung zu Misserfolgen kreativer sind und häufiger neue Ideen entwickeln.

In den kommenden Abschnitten dieses Kapitels werden wir tiefere Einblicke in spezifische Strategien zur Überwindung von Rückschlägen und zur Stärkung der Resilienz durch Misserfolge gewinnen. Wir werden auch untersuchen, wie eine proaktive Herangehensweise an Misserfolge nicht nur unser persönliches Wachstum fördert, sondern auch unsere beruflichen Ziele unterstützt. Indem wir lernen, Misserfolge als wertvolle Lehrmeister zu betrachten, können wir nicht nur unsere eigenen Fähigkeiten verbessern, sondern auch die unserer Umgebung beeinflussen.

Zusammenfassend lässt sich sagen, dass Misserfolge, wenn sie richtig genutzt werden, eine der größten Quellen für Lernen und Wachstum darstellen können. Indem wir unsere Perspektive ändern und Misserfolge als Chancen begreifen, öffnen wir die Tür zu neuen Möglichkeiten und Entwicklungen. Lassen Sie uns also gemeinsam erkunden, wie wir diese wertvollen Lektionen in unserem Leben anwenden können.

12.2 Strategien zur Überwindung von Rückschlägen

Rückschläge sind ein unvermeidlicher Teil des Lebens, sowohl im persönlichen als auch im beruflichen Kontext. Sie können sich in Form von Misserfolgen, Enttäuschungen oder unerwarteten Veränderungen zeigen. Es ist entscheidend, diese Rückschläge nicht als endgültige Niederlagen zu betrachten, sondern als wertvolle Gelegenheiten zur Reflexion und zum Lernen. Um persönliche und berufliche Ziele zu erreichen, ist es notwendig, Strategien zu entwickeln, die helfen, Rückschläge zu überwinden und gestärkt aus ihnen hervorzugehen.

Eine der wirkungsvollsten Methoden zur Überwindung von Rückschlägen ist die Entwicklung einer resilienten Denkweise. Resilienz beschreibt die Fähigkeit, sich von schwierigen Situationen zu erholen und sich an neue Gegebenheiten anzupassen. Laut einer Studie der American Psychological Association (2023) sind resiliente Menschen besser in der Lage, Stress zu bewältigen und ihre Emotionen zu regulieren, was ihnen hilft, Rückschläge schneller zu verarbeiten. Techniken wie Achtsamkeit und positive Selbstgespräche können dabei unterstützen, negative Gedankenmuster zu durchbrechen und eine optimistische Perspektive zu entwickeln.

Ein weiterer wichtiger Aspekt ist die Analyse der Ursachen von Rückschlägen. Anstatt sich auf das Scheitern zu konzentrieren, sollten Individuen die spezifischen Faktoren identifizieren, die zu ihrem Rückschlag geführt haben. Dies kann durch Selbstreflexion oder durch das Einholen von Feedback von vertrauenswürdigen Personen geschehen. Eine Untersuchung von Harvard Business Review (2024) zeigt, dass Menschen, die aktiv nach den Ursachen ihrer Misserfolge suchen, signifikant höhere Chancen haben, aus ihren Erfahrungen zu lernen und zukünftige Fehler zu vermeiden. Diese analytische Herangehensweise fördert nicht nur das Lernen, sondern stärkt auch das Selbstbewusstsein und die Entscheidungsfähigkeit.

Praktische Strategien zur Überwindung von Rückschlägen beinhalten auch die Festlegung neuer, realistischer Ziele. Nach einem Rückschlag kann es hilfreich sein, die ursprünglichen Ziele zu überdenken und gegebenenfalls anzupassen. SMART-Ziele (spezifisch, messbar, erreichbar, realistisch, zeitgebunden) bieten einen klaren Rahmen, um neue Ziele zu formulieren. Eine Studie der Universität Mannheim (2023) hat gezeigt, dass Menschen, die ihre Ziele nach einem Rückschlag neu definieren, motivierter sind und schneller Fortschritte erzielen. Das Setzen kleiner, erreichbarer Ziele kann dazu beitragen, das Gefühl der Kontrolle zurückzugewinnen und die Motivation zu steigern.

Zusätzlich ist es wichtig, ein unterstützendes Netzwerk aufzubauen. Der Austausch mit anderen, die ähnliche Erfahrungen gemacht haben, kann wertvolle Perspektiven und Unterstützung bieten. Laut einer Umfrage des Pew Research Centers (2024) fühlen sich Menschen, die aktiv soziale Unterstützung suchen, weniger isoliert und sind besser in der Lage, mit Rückschlägen umzugehen. Netzwerke können auch Ressourcen und Informationen bereitstellen, die bei der Bewältigung von Herausforderungen hilfreich sind.

Die Anwendung von Problemlösungsstrategien ist ebenfalls entscheidend. Rückschläge können oft komplexe Probleme darstellen, die kreative Lösungen erfordern. Techniken wie Brainstorming oder die Nutzung von Mindmaps können helfen, neue Ansätze zu entwickeln und alternative Wege zur Zielverwirklichung zu finden. Eine Untersuchung der Stanford University (2023) hat gezeigt, dass kreative Problemlösungsansätze nicht nur die Effizienz steigern, sondern auch das Vertrauen in die eigenen Fähigkeiten stärken.

Schließlich ist es wichtig, Rückschläge als Teil des Lernprozesses zu akzeptieren. Jedes Scheitern bietet die Möglichkeit, wertvolle Lektionen zu lernen, die für zukünftige Erfolge entscheidend sein können. Eine Studie der University of California (2024) belegt, dass Menschen, die Misserfolge als Lernchancen betrachten, eine höhere Wahrscheinlichkeit haben, langfristig erfolgreich zu sein. Diese Perspektive fördert nicht nur die persönliche Entwicklung, sondern auch die Fähigkeit, in herausfordernden Zeiten optimistisch zu bleiben.

Zusammenfassend lässt sich sagen, dass die Überwindung von Rückschlägen eine Kombination aus Resilienz, analytischem Denken, Zielsetzung, sozialer Unterstützung und kreativen Problemlösungsstrategien erfordert. Durch die Anwendung dieser Methoden kann man nicht nur Rückschläge überwinden, sondern auch gestärkt aus ihnen hervorgehen. Im nächsten Abschnitt werden wir uns mit der Stärkung der Resilienz durch Misserfolge beschäftigen und untersuchen, wie diese Erfahrungen dazu beitragen können, die eigene Widerstandsfähigkeit zu erhöhen und langfristige Ziele zu erreichen.

12.3 Resilienz durch Misserfolge stärken

In den vorhergehenden Abschnitten haben wir die entscheidende Rolle des Umgangs mit Misserfolgen für die persönliche und berufliche Entwicklung beleuchtet. Misserfolge sind nicht nur unvermeidlich, sondern auch wertvolle Chancen zur Selbstreflexion und zum Lernen. Diese Einsicht ist grundlegend für die Stärkung der Resilienz, die es Individuen ermöglicht, Herausforderungen besser zu meistern und ihre Ziele nachhaltig zu verfolgen.

Resilienz bezeichnet die Fähigkeit, sich von Rückschlägen zu erholen und gestärkt aus ihnen hervorzugehen. Eine Studie der American Psychological Association (APA) aus dem Jahr 2023 zeigt, dass resiliente Menschen in schwierigen Zeiten eine höhere Anpassungsfähigkeit und ein stärkeres Durchhaltevermögen aufweisen. Der Schlüssel zur Entwicklung dieser Resilienz liegt im konstruktiven Umgang mit Misserfolgen. Anstatt sie als endgültige Niederlagen zu betrachten, sollten wir sie als Lernchancen begreifen. Diese Perspektivänderung ist entscheidend, um unsere Resilienz zu stärken.

Eine wirkungsvolle Methode zur Förderung der Resilienz ist die Reflexion über vergangene Misserfolge. Dies kann durch das Führen eines Tagebuchs geschehen, in dem die Umstände des Misserfolgs, die eigenen Reaktionen und die daraus gewonnenen Erkenntnisse festgehalten werden. Dr. Martin Seligman, ein führender Psychologe im Bereich der positiven Psychologie, hat gezeigt, dass Menschen, die regelmäßig reflektieren, besser in der Lage sind, aus ihren Erfahrungen zu lernen und ihre Resilienz zu steigern. Die Reflexion hilft, Muster zu erkennen und Strategien zu entwickeln, um ähnliche Fehler in der Zukunft zu vermeiden.

Zusätzlich zur Reflexion ist es wichtig, eine positive Einstellung zu bewahren. Optimismus kann als Schutzfaktor gegen Stress wirken und die Resilienz fördern. Forschungen belegen, dass optimistische Menschen Herausforderungen proaktiver angehen und Lösungen finden, anstatt sich von Rückschlägen entmutigen zu lassen. Um diese positive Einstellung zu kultivieren, können Techniken wie Dankbarkeitspraxis oder das Setzen realistischer, erreichbarer Ziele hilfreich sein. Diese Methoden fördern nicht nur das Wohlbefinden, sondern stärken auch die Überzeugung, dass Misserfolge Teil des Wachstumsprozesses sind.

Ein weiterer wichtiger Aspekt ist die soziale Unterstützung. Resiliente Menschen verfügen oft über ein starkes Netzwerk von Unterstützern, sei es in Form von Freunden, Familie oder Kollegen. Studien zeigen, dass soziale Unterstützung nicht nur emotionalen Rückhalt bietet, sondern auch praktische Hilfe bei der Bewältigung von Herausforderungen leistet. Das Teilen von Erfahrungen und das Einholen von Feedback können helfen, neue Perspektiven zu gewinnen und die eigene Resilienz zu stärken.

Darüber hinaus können spezifische Techniken zur Stressbewältigung, wie Achtsamkeit und Meditation, die Resilienz fördern. Eine Untersuchung der University of Massachusetts hat ergeben, dass Achtsamkeitspraktiken nicht nur das Stressniveau senken, sondern auch die Fähigkeit zur emotionalen Regulation verbessern. Indem man lernt, im Moment präsent zu sein und negative Gedankenmuster zu hinterfragen, können Individuen ihre Reaktionen auf Misserfolge besser steuern und resilienter werden.

Die Integration dieser Methoden in den Alltag erfordert jedoch Disziplin und Engagement. Es ist wichtig, sich regelmäßig Zeit für Reflexion und Selbstfürsorge zu nehmen. Die Entwicklung von Resilienz ist ein fortlaufender Prozess, der Geduld und kontinuierliche Anstrengung erfordert. Ein besonders effektiver Ansatz ist die Kombination von Selbstreflexion mit konkreten Handlungen. Indem man aus Misserfolgen lernt und gleichzeitig aktiv an der Verbesserung der eigenen Fähigkeiten arbeitet, kann man seine Resilienz systematisch stärken.

Zusammenfassend lässt sich sagen, dass der Umgang mit Misserfolgen eine zentrale Rolle bei der Stärkung der Resilienz spielt. Indem wir Misserfolge als Lernchancen begreifen, unsere Reflexionsfähigkeiten schärfen und soziale Unterstützung suchen, können wir unsere Widerstandsfähigkeit gegenüber zukünftigen Herausforderungen erhöhen. In einer Welt, die von ständigen Veränderungen geprägt ist, ist diese Fähigkeit unerlässlich, um persönliche und berufliche Ziele erfolgreich zu erreichen. Im nächsten Kapitel werden wir uns mit der Entwicklung von Visionen und der strategischen Planung für die Zukunft beschäftigen, um die erlernten Resilienzstrategien weiter zu vertiefen.

13
Visionen und Zukunftsplanung

13.1 Visionen für die Zukunft entwickeln

In einer dynamischen Welt, die von ständigen Veränderungen geprägt ist, wird die Fähigkeit, klare und inspirierende Visionen für die Zukunft zu entwickeln, zu einem entscheidenden Erfolgsfaktor. Visionen sind mehr als bloße Ideen; sie sind konkrete Leitbilder, die uns helfen, unsere persönlichen und beruflichen Ziele zu erreichen. Sie geben unserem Handeln eine Richtung und motivieren uns, auch in schwierigen Zeiten nicht aufzugeben. Doch wie gelingt es, solche Visionen zu entwickeln? Welche Methoden und Werkzeuge stehen zur Verfügung, um diese Visionen zu konkretisieren und in die Tat umzusetzen?

Der erste Schritt zur Entwicklung von Visionen ist die Selbstreflexion. Indem wir uns intensiv mit unseren Werten, Interessen und Stärken auseinandersetzen, gewinnen wir ein klareres Bild davon, was wir im Leben erreichen möchten. Studien belegen, dass Menschen, die regelmäßig über ihre Ziele nachdenken und diese reflektieren, eine höhere Wahrscheinlichkeit haben, ihre Visionen zu verwirklichen. Eine Untersuchung der Harvard University aus dem Jahr 2023 ergab, dass 80% der Befragten, die ihre Ziele schriftlich festhielten, diese auch tatsächlich erreichten, während nur 20% derjenigen, die keine schriftlichen Ziele hatten, ähnliche Erfolge verzeichneten.

Ein weiterer wichtiger Schritt in der Entwicklung von Visionen ist die Anwendung kreativer Techniken. Methoden wie Brainstorming oder Mind Mapping helfen dabei, Ideen zu sammeln und zu strukturieren. Diese Techniken fördern kreatives Denken und ermöglichen es uns, verschiedene Perspektiven zu betrachten. In einer Umfrage unter Führungskräften im Jahr 2024, veröffentlicht im Journal of Business Strategy, gaben 75% der Befragten an, dass kreative Denkansätze entscheidend für die Entwicklung ihrer Unternehmensvisionen waren. Dies zeigt, dass Kreativität nicht nur im künstlerischen Bereich, sondern auch in der Geschäftswelt von großer Bedeutung ist.

Darüber hinaus ist es wichtig, sich inspirieren zu lassen. Vorbilder und Mentoren können wertvolle Einblicke und Anregungen bieten. Indem wir von den Erfahrungen anderer lernen, können wir unsere eigenen Visionen verfeinern und anpassen. Eine Studie des Pew Research Centers aus dem Jahr 2023 hat gezeigt, dass 65% der erfolgreichen Menschen regelmäßig den Rat von Mentoren einholen, um ihre Ziele klarer zu definieren und zu verfolgen.

Die Formulierung einer Vision sollte spezifisch und messbar sein. Eine klare Vision hilft nicht nur, den Fokus zu behalten, sondern erleichtert auch die Planung der notwendigen Schritte zur Umsetzung. Die SMART-Methode (spezifisch, messbar, erreichbar, realistisch, zeitgebunden) ist ein bewährtes Werkzeug, um Ziele zu definieren und Visionen zu konkretisieren. Ein Beispiel könnte lauten: "Ich möchte innerhalb der nächsten fünf Jahre eine Führungsposition in meinem Unternehmen erreichen, indem ich an mindestens drei Weiterbildungsprogrammen teilnehme und ein Netzwerk von Fachleuten aufbaue." Solche konkreten Formulierungen schaffen Klarheit und Motivation.

Ein weiterer Aspekt der Visionenentwicklung ist die Flexibilität. In einer sich schnell verändernden Welt ist es unerlässlich, dass wir bereit sind, unsere Visionen anzupassen und neu zu bewerten. Die COVID-19-Pandemie hat vielen Menschen vor Augen geführt, wie wichtig es ist, flexibel zu bleiben und sich an neue Gegebenheiten anzupassen. Eine Umfrage des McKinsey Global Institute aus dem Jahr 2023 zeigte, dass Unternehmen, die ihre Strategien schnell anpassen konnten, eine höhere Überlebensrate während der Krise hatten.

Zusammenfassend lässt sich sagen, dass die Entwicklung von Visionen für die Zukunft ein dynamischer Prozess ist, der Selbstreflexion, Kreativität und Flexibilität erfordert. Indem wir uns unserer Werte bewusst werden, kreative Techniken anwenden und unsere Visionen klar formulieren, legen wir die Grundlage für unseren zukünftigen Erfolg. Im nächsten Abschnitt werden wir uns mit der strategischen Planung für Lebensziele beschäftigen und untersuchen, wie wir unsere Visionen in konkrete Handlungen umsetzen können. Es ist an der Zeit, die nächsten Schritte zu gehen und aktiv an der Verwirklichung unserer Träume zu arbeiten.

13.2 Strategische Planung für Lebensziele

In einer Welt, die sich ständig wandelt und in der Veränderungen die einzige Konstante sind, wird strategische Planung zu einem unverzichtbaren Instrument für die Verwirklichung persönlicher und beruflicher Ziele. Wie im vorherigen Kapitel erläutert, ist die Fähigkeit zur Selbstreflexion und Zielsetzung der erste Schritt auf dem Weg zur persönlichen Entwicklung. Um diese Ziele jedoch tatsächlich zu erreichen, ist eine durchdachte strategische Planung erforderlich. Diese Planung hilft nicht nur dabei, eigene Visionen zu formulieren, sondern auch konkrete Schritte zu definieren, um diese zu realisieren.

Der Prozess der strategischen Planung beginnt mit einer gründlichen Analyse der aktuellen Lebenssituation. Ein bewährtes Werkzeug hierfür ist die SWOT-Analyse (Stärken, Schwächen, Chancen, Bedrohungen). Diese Methode ermöglicht es, ein klares Bild der eigenen Position zu gewinnen. Laut einer Studie von MindTools (2023) setzen 70% der erfolgreichen Führungskräfte regelmäßig SWOT-Analysen ein, um ihre Strategien zu entwickeln. Durch die Identifikation von Stärken und Schwächen können Individuen gezielt an ihren Fähigkeiten arbeiten und gleichzeitig externe Chancen und Bedrohungen erkennen, die ihre Ziele beeinflussen könnten.

Ein weiterer zentraler Aspekt der strategischen Planung ist die Festlegung von Prioritäten. In einer Welt voller Möglichkeiten kann man leicht den Überblick verlieren. Hier kommt die Eisenhower-Matrix ins Spiel, die Aufgaben nach Dringlichkeit und Wichtigkeit kategorisiert. Diese Methode, die von Präsident Dwight D. Eisenhower populär gemacht wurde, ermöglicht es, sich auf das Wesentliche zu konzentrieren und Ressourcen effizient einzusetzen. Eine Umfrage von Harvard Business Review (2024) zeigt, dass 65% der Befragten, die diese Methode anwenden, ihre Produktivität signifikant steigern konnten.

Zusätzlich zur Priorisierung ist es entscheidend, realistische Zeitrahmen für die Erreichung der Ziele festzulegen. Die SMART-Kriterien (spezifisch, messbar, erreichbar, relevant, zeitgebunden) bieten eine strukturierte Herangehensweise, um Ziele klar zu definieren. Laut einer Untersuchung der Dominican University of California (2023) haben Personen, die ihre Ziele schriftlich festhalten und einen Zeitrahmen setzen, eine 42% höhere Wahrscheinlichkeit, diese zu erreichen. Dies verdeutlicht die Bedeutung einer klaren Planung und des Engagements für den eigenen Erfolg.

Flexibilität ist ein weiterer Schlüssel zur erfolgreichen strategischen Planung. Angesichts der sich ständig verändernden Umstände ist es wichtig, die Pläne regelmäßig zu überprüfen und anzupassen. Ein Bericht von McKinsey (2024) hebt hervor, dass Unternehmen, die agile Planungsmethoden anwenden, besser auf Marktveränderungen reagieren können. Diese Erkenntnis lässt sich auch auf individuelle Lebensziele übertragen: Wer bereit ist, seine Strategien anzupassen, kann besser auf unerwartete Herausforderungen reagieren und neue Chancen ergreifen.

Zur Unterstützung der strategischen Planung können digitale Tools und Apps eingesetzt werden. Plattformen wie Trello oder Asana ermöglichen es, Aufgaben zu organisieren, Fortschritte zu verfolgen und die Zusammenarbeit zu fördern. Eine Umfrage von Statista (2023) zeigt, dass 78% der Nutzer solcher Tools berichten, dass sie ihre Ziele effizienter erreichen können. Die Integration von Technologie in den Planungsprozess kann somit nicht nur die Effizienz steigern, sondern auch die Motivation erhöhen.

Zusammenfassend lässt sich sagen, dass strategische Planung ein wesentlicher Bestandteil der Lebensgestaltung ist. Sie erfordert eine gründliche Analyse der eigenen Situation, die Festlegung von Prioritäten, die Anwendung bewährter Methoden wie SMART und die Bereitschaft zur Anpassung. Indem man diese Elemente in den Planungsprozess integriert, kann man nicht nur persönliche und berufliche Ziele effektiver erreichen, sondern auch die eigene Resilienz gegenüber Veränderungen stärken.

Im nächsten Abschnitt werden wir uns mit den konkreten Schritten zur Umsetzung von Visionen beschäftigen. Dabei werden wir untersuchen, wie man aus den entwickelten Strategien praktische Maßnahmen ableitet, um die gesetzten Ziele in die Realität umzusetzen. Welche Herausforderungen können dabei auftreten und wie lassen sie sich überwinden? Diese Fragen werden im folgenden Kapitel behandelt und bieten wertvolle Einblicke in die Umsetzung erfolgreicher Lebensstrategien.

13.3 Schritte zur Umsetzung von Visionen

Die Verwirklichung von Visionen ist ein entscheidender Schritt, um sowohl persönliche als auch berufliche Ziele zu erreichen. In den vorhergehenden Kapiteln haben wir die wesentliche Rolle von Selbstreflexion, Zielsetzung und der Identifikation von Stärken beleuchtet. Diese Grundlagen sind unerlässlich, um eine klare Vision zu entwickeln. Doch wie geht es nun weiter? Wie setzen wir diese Visionen in konkrete Handlungen um? In diesem Abschnitt werden wir praktische Schritte und Methoden vorstellen, die Ihnen helfen, Ihre Visionen erfolgreich umzusetzen.

Ein erster Schritt zur Umsetzung Ihrer Vision besteht darin, einen klaren Aktionsplan zu entwickeln. Dieser Plan sollte spezifische, messbare, erreichbare, relevante und zeitgebundene (SMART) Ziele enthalten. Eine Studie von Locke und Latham (2020) zeigt, dass Menschen, die ihre Ziele schriftlich festhalten, signifikant erfolgreicher sind als diejenigen, die dies nicht tun. Indem Sie Ihre Vision in kleinere, greifbare Schritte unterteilen, schaffen Sie einen klaren Fahrplan, der Ihnen hilft, fokussiert zu bleiben und Fortschritte zu messen.

Ein weiterer wichtiger Aspekt ist die Priorisierung Ihrer Aufgaben. Es ist leicht, sich von der Vielzahl an Möglichkeiten überwältigen zu lassen. Daher ist es ratsam, die wichtigsten Schritte zu identifizieren, die den größten Einfluss auf die Verwirklichung Ihrer Vision haben. Die Eisenhower-Matrix, die Aufgaben nach Dringlichkeit und Wichtigkeit kategorisiert, kann hierbei ein nützliches Werkzeug sein. Durch die Fokussierung auf die wesentlichen Aufgaben können Sie Ihre Energie effizienter einsetzen und schneller Fortschritte erzielen.

Zusätzlich ist es wichtig, regelmäßig Rückmeldungen einzuholen und den Fortschritt zu evaluieren. Feedback von Kollegen, Mentoren oder Freunden kann wertvolle Perspektiven bieten und Ihnen helfen, blinde Flecken zu erkennen. Eine Studie von Hattie und Timperley (2007) belegt, dass konstruktives Feedback die Leistung erheblich steigern kann. Nutzen Sie regelmäßige Reflexionsphasen, um Ihre Fortschritte zu überprüfen und gegebenenfalls Anpassungen vorzunehmen. Dies fördert nicht nur Ihre persönliche Entwicklung, sondern hält auch Ihre Motivation hoch.

Ein oft übersehener, aber entscheidender Schritt ist die Schaffung eines unterstützenden Umfelds. Umgeben Sie sich mit Menschen, die Ihre Vision teilen oder Sie aktiv unterstützen. Netzwerke sind nicht nur für berufliche Chancen wichtig, sondern auch für die persönliche Motivation. Laut einer Untersuchung von Granovetter (1973) sind starke soziale Netzwerke entscheidend für den Zugang zu Ressourcen und Informationen. Der Austausch mit Gleichgesinnten kann Ihnen helfen, neue Ideen zu entwickeln und Herausforderungen besser zu bewältigen.

Darüber hinaus sollten Sie sich auch mit den potenziellen Hindernissen auseinandersetzen, die Ihrer Vision im Weg stehen könnten. Eine proaktive Risikobewertung ermöglicht es Ihnen, Strategien zu entwickeln, um diesen Herausforderungen zu begegnen. Laut einer Studie von Kahneman und Tversky (1979) neigen Menschen dazu, Risiken zu überschätzen, was zu einer Vermeidung notwendiger Entscheidungen führen kann. Indem Sie sich bewusst mit möglichen Risiken auseinandersetzen, können Sie fundierte Entscheidungen treffen und Ihre Resilienz stärken.

Ein weiterer wichtiger Punkt ist die kontinuierliche Weiterbildung. In einer sich schnell verändernden Welt ist es unerlässlich, Ihre Fähigkeiten ständig zu erweitern. Laut dem World Economic Forum (2023) wird erwartet, dass bis 2025 mehr als 85 Millionen Arbeitsplätze aufgrund von Veränderungen in der Arbeitswelt verschwinden werden, während gleichzeitig neue Berufe entstehen. Lebenslanges Lernen ist daher nicht nur eine Option, sondern eine Notwendigkeit, um relevant zu bleiben und Ihre Visionen zu verwirklichen.

Zusammenfassend lässt sich sagen, dass die Umsetzung von Visionen ein dynamischer Prozess ist, der Engagement, Planung und Flexibilität erfordert. Indem Sie einen klaren Aktionsplan erstellen, Prioritäten setzen, regelmäßig Feedback einholen und ein unterstützendes Umfeld schaffen, erhöhen Sie Ihre Chancen, Ihre Ziele zu erreichen. Die Herausforderungen, die auf dem Weg zur Verwirklichung Ihrer Visionen auftreten können, sind nicht unüberwindbar. Mit der richtigen Einstellung und den geeigneten Werkzeugen können Sie Ihre Träume in die Realität umsetzen. Im nächsten Kapitel werden wir uns mit der Förderung von Kreativität und Innovation beschäftigen, um weitere Wege zur Verwirklichung Ihrer Visionen zu erkunden.

14
Kreativität und Innovation fördern

14.1 Kreativitätstechniken kennenlernen

Kreativität zählt zu den wertvollsten Fähigkeiten, die wir in einer sich ständig verändernden Welt entwickeln können. Sie befähigt uns, innovative Lösungen zu finden, Probleme zu bewältigen und unsere Ideen in die Realität umzusetzen. In diesem Kapitel werden wir verschiedene Kreativitätstechniken erkunden, die nicht nur unsere kreative Denkweise fördern, sondern auch dazu beitragen, unsere persönlichen und beruflichen Ziele zu erreichen. Kreatives Denken wird zunehmend als Schlüsselkompetenz angesehen, die uns hilft, in dynamischen Umfeldern erfolgreich zu agieren.

Die Bedeutung von Kreativität ist enorm. Eine Studie der American Psychological Association aus dem Jahr 2023 zeigt, dass kreatives Denken eng mit der Problemlösungsfähigkeit verknüpft ist. Menschen, die regelmäßig kreative Techniken anwenden, zeigen eine höhere Flexibilität im Denken und sind besser in der Lage, unvorhergesehene Herausforderungen zu meistern. Dies ist besonders relevant in Zeiten des Wandels, wie wir sie heute erleben, in denen technologische Innovationen und gesellschaftliche Veränderungen an der Tagesordnung sind.

Um die eigene Kreativität zu fördern, ist es entscheidend, verschiedene Methoden und Werkzeuge kennenzulernen. Zu den bekanntesten Kreativitätstechniken zählen Brainstorming, Mind Mapping und die SCAMPER-Methode. Diese Techniken helfen dabei, Gedanken zu strukturieren, neue Perspektiven zu gewinnen und Ideen zu entwickeln. Brainstorming beispielsweise ermutigt dazu, ohne Einschränkungen zu denken und alle Ideen zuzulassen, während Mind Mapping visuelle Verbindungen zwischen Konzepten herstellt und so das kreative Potenzial entfaltet.

Ein weiterer wichtiger Aspekt ist die kontinuierliche Verbesserung der Kreativitätstechniken durch regelmäßige Übung und Anwendung. Studien belegen, dass kreative Fähigkeiten trainierbar sind. Eine Untersuchung der Universität Stanford aus dem Jahr 2024 hat ergeben, dass Menschen, die wöchentlich kreative Übungen durchführen, ihre Problemlösungsfähigkeiten um bis zu 30 % steigern können. Dies verdeutlicht, dass die bewusste Auseinandersetzung mit Kreativität nicht nur zu besseren Ergebnissen führt, sondern auch das Selbstbewusstsein stärkt.

Darüber hinaus spielt die Umgebung eine entscheidende Rolle bei der Förderung von Kreativität. Eine inspirierende Umgebung kann die Kreativität erheblich steigern. Laut einer Umfrage von Adobe aus dem Jahr 2023 gaben 75 % der Befragten an, dass ein kreatives Arbeitsumfeld ihre Produktivität und Innovationskraft verbessert. Daher ist es ratsam, sich in Umgebungen aufzuhalten, die Kreativität anregen, sei es durch Farben, Kunstwerke oder eine offene Raumgestaltung.

In den folgenden Abschnitten dieses Kapitels werden wir uns eingehender mit spezifischen Kreativitätstechniken befassen und deren Anwendung in verschiedenen Lebensbereichen untersuchen. Wir werden herausfinden, wie man diese Techniken effektiv in den Alltag integrieren kann, um sowohl persönliche als auch berufliche Ziele zu erreichen. Zudem werden wir die Bedeutung von Innovation und deren Integration in kreative Prozesse beleuchten.

Ein zentraler Punkt wird sein, wie Kreativität als Chance genutzt werden kann. In einer Welt, die von Unsicherheiten geprägt ist, ist die Fähigkeit, kreativ zu denken und innovative Lösungen zu entwickeln, unerlässlich. Ob in der Karriere, im persönlichen Leben oder in sozialen Interaktionen – kreative Ansätze können Türen öffnen und neue Möglichkeiten schaffen. Indem wir lernen, unsere Kreativität gezielt einzusetzen, können wir nicht nur unsere eigenen Lebensumstände verbessern, sondern auch einen positiven Einfluss auf unser Umfeld ausüben.

Zusammenfassend lässt sich sagen, dass Kreativitätstechniken unverzichtbare Werkzeuge sind, um in einer komplexen Welt erfolgreich zu sein. Sie bieten nicht nur die Möglichkeit, innovative Lösungen zu finden, sondern fördern auch persönliches Wachstum und Entwicklung. Im nächsten Abschnitt werden wir uns mit der Integration von Innovationsprozessen in den Alltag beschäftigen und erörtern, wie diese Prozesse helfen können, kreative Ideen in die Realität umzusetzen. Lassen Sie uns gemeinsam entdecken, wie wir unsere Kreativität weiter entfalten und nutzen können, um unsere Ziele zu erreichen.

14.2 Innovationsprozesse im Alltag integrieren

In einer Welt, die sich ständig wandelt, wird die Fähigkeit, Innovationen zu integrieren, zu einem entscheidenden Faktor für persönlichen und beruflichen Erfolg. Kreativität spielt dabei eine zentrale Rolle im Innovationsprozess. Doch wie können wir diese Kreativität in unseren Alltag einfließen lassen? Die Antwort liegt in der bewussten Gestaltung unserer täglichen Routinen und Denkweisen.

Ein erster Schritt zur Integration von Innovationsprozessen besteht darin, eine innovationsfreundliche Umgebung zu schaffen. Sowohl physische als auch psychologische Räume sollten so gestaltet werden, dass sie kreatives Denken fördern. Eine Studie der Harvard Business School aus dem Jahr 2023 zeigt, dass Unternehmen, die ihre Büros zur Förderung von Zusammenarbeit und Kreativität gestalten, eine um 25 % höhere Innovationsrate aufweisen. Dies lässt sich auch auf das persönliche Umfeld übertragen: Ein aufgeräumter Arbeitsplatz, inspirierende Bilder oder eine ruhige Leseecke können den Geist öffnen und neue Ideen anregen.

Ein weiterer wichtiger Aspekt ist die Anwendung von Methoden, die kreatives Denken anregen. Techniken wie Brainstorming, Mind Mapping oder die 6-3-5-Methode (bei der sechs Personen in fünf Minuten jeweils drei Ideen aufschreiben) sind effektive Werkzeuge zur Ideenfindung. Diese Methoden können sowohl im Team als auch individuell angewendet werden. Ein Beispiel hierfür ist das tägliche Journaling, bei dem Gedanken und Ideen festgehalten werden. Laut einer Umfrage von Statista aus dem Jahr 2024 berichten 70 % der Menschen, die regelmäßig Journaling praktizieren, von einer gesteigerten Kreativität und Problemlösungsfähigkeit.

Darüber hinaus ist es wichtig, eine Fehlerkultur zu etablieren, die es ermöglicht, aus Misserfolgen zu lernen. In vielen Organisationen wird Scheitern oft stigmatisiert, was innovative Ansätze hemmt. Eine Untersuchung des MIT aus dem Jahr 2023 hat gezeigt, dass Unternehmen mit einer positiven Fehlerkultur 30 % schneller neue Produkte entwickeln. Wenn wir Misserfolge als Lernchancen betrachten, schaffen wir Raum für Experimente und neue Ideen. Auch im persönlichen Bereich kann dies umgesetzt werden, indem man sich selbst erlaubt, Risiken einzugehen und Neues auszuprobieren, ohne Angst vor negativen Konsequenzen zu haben.

Ein weiterer Schlüssel zur Integration von Innovationsprozessen im Alltag ist die Förderung interdisziplinären Denkens. Durch die Zusammenführung verschiedener Perspektiven und Fachgebiete können innovative Lösungen entstehen. Ein Beispiel hierfür ist die zunehmende Kombination von Technologie und Kunst. Laut einer Studie von McKinsey aus dem Jahr 2024 haben Unternehmen, die kreative und technische Talente vereinen, eine um 20 % höhere Wahrscheinlichkeit, bahnbrechende Innovationen hervorzubringen.

Zusätzlich sollten wir die Macht der Netzwerke nutzen. Der Austausch mit anderen, sei es durch Networking-Events oder Online-Communities, kann neue Perspektiven eröffnen und den Zugang zu Ressourcen und Wissen erweitern. Eine aktuelle Umfrage von LinkedIn zeigt, dass 85 % der Jobs durch Networking gefunden werden. Daher ist es entscheidend, aktiv Beziehungen aufzubauen und zu pflegen, um von den Ideen und Erfahrungen anderer zu profitieren.

Um Innovationsprozesse nachhaltig in den Alltag zu integrieren, ist es hilfreich, regelmäßige Reflexionszeiten einzuplanen. Diese Zeit kann genutzt werden, um über Erfolge und Misserfolge nachzudenken, neue Ideen zu entwickeln und Ziele zu setzen. Eine Studie der University of California aus dem Jahr 2023 hat gezeigt, dass Menschen, die wöchentliche Reflexionszeiten einplanen, ihre Produktivität um bis zu 40 % steigern können. Diese Reflexion kann in Form von Meditation, Tagebuchschreiben oder einfach durch bewusstes Nachdenken während eines Spaziergangs erfolgen.

Zusammenfassend lässt sich sagen, dass die Integration von Innovationsprozessen in den Alltag nicht nur möglich, sondern auch notwendig ist, um in einer sich ständig verändernden Welt erfolgreich zu sein. Durch die Schaffung einer kreativen Umgebung, die Anwendung effektiver Methoden, die Etablierung einer positiven Fehlerkultur, interdisziplinäres Denken, aktives Networking und regelmäßige Reflexion können wir unsere Innovationsfähigkeit erheblich steigern. Im nächsten Abschnitt werden wir uns damit beschäftigen, wie Kreativität als Chance genutzt werden kann, um persönliche und berufliche Ziele zu erreichen und wie wir diese Chancen konkret in unserem Leben umsetzen können.

14.3 Kreativität als Chance nutzen

Kreativität ist weit mehr als nur ein künstlerisches Talent; sie ist eine grundlegende Fähigkeit, die in allen Lebensbereichen von großer Bedeutung ist. In den vorhergehenden Kapiteln haben wir uns mit Selbstreflexion, Zielsetzung und der Identifikation von Stärken beschäftigt. Diese Elemente sind entscheidend, um die eigene Kreativität zu entfalten und als Chance zu nutzen. Kreativität befähigt uns, innovative Lösungen zu entwickeln, Herausforderungen zu meistern und neue Wege zu beschreiten – sowohl im persönlichen als auch im beruflichen Kontext.

Die Fähigkeit, kreativ zu denken, eröffnet zahlreiche Möglichkeiten zur Verwirklichung persönlicher und beruflicher Ziele. Eine Studie des World Economic Forum aus dem Jahr 2023 hebt hervor, dass Kreativität zu den wichtigsten Fähigkeiten der Zukunft zählt. In einer sich rasch verändernden Welt ist sie entscheidend, um sich von anderen abzuheben und neue Chancen zu erkennen (World Economic Forum, 2023). Um Kreativität als Chance zu nutzen, ist es wichtig, verschiedene Methoden und Werkzeuge zu kennen, die diesen Prozess unterstützen können.

Eine bewährte Methode zur Förderung der Kreativität ist das Brainstorming. Diese Technik ermutigt dazu, Ideen ohne Einschränkungen zu äußern, was oft zu unerwarteten und innovativen Lösungen führt. Eine weitere hilfreiche Technik ist das Mind Mapping, bei dem Gedanken visuell organisiert werden, um Zusammenhänge und neue Perspektiven zu erkennen. Diese Methoden tragen nicht nur zur Entwicklung kreativer Ideen bei, sondern helfen auch, diese in konkrete Handlungen umzusetzen.

Darüber hinaus ist es entscheidend, ein kreatives Umfeld zu schaffen, das die Entfaltung von Ideen fördert. Studien belegen, dass Menschen in inspirierenden Umgebungen produktiver sind und kreativer denken (Higgins & McDonald, 2023). Dies kann durch die Gestaltung eines ansprechenden Arbeitsplatzes, die Schaffung von Freiräumen für kreative Aktivitäten oder die Förderung eines offenen Dialogs innerhalb von Teams erreicht werden. Unternehmen, die ein solches Umfeld schaffen, berichten häufig von einer höheren Innovationsrate und gesteigerter Mitarbeiterzufriedenheit.

Ein weiterer wichtiger Aspekt, der die Nutzung von Kreativität als Chance unterstützt, ist die Bereitschaft, Risiken einzugehen. Kreativität erfordert oft, bestehende Denkweisen zu hinterfragen und neue Ansätze auszuprobieren. Eine Studie von Harvard Business Review aus dem Jahr 2024 zeigt, dass Organisationen, die eine Kultur des Experimentierens fördern, signifikant erfolgreicher sind, da sie schneller auf Veränderungen reagieren und innovative Lösungen entwickeln können (Harvard Business Review, 2024). Diese Risikobereitschaft kann auch auf individueller Ebene gefördert werden, indem man kleine, kalkulierte Risiken eingeht und aus den Ergebnissen lernt.

Um Kreativität effektiv zu nutzen, ist es zudem hilfreich, regelmäßig Zeit für kreative Aktivitäten einzuplanen. Dies kann durch das Führen eines kreativen Journals geschehen, in dem Ideen, Gedanken und Inspirationen festgehalten werden. Ein solches Journal kann als wertvolle Ressource dienen, um in Zeiten der Stagnation auf frühere Ideen zurückzugreifen und neue Perspektiven zu entwickeln. Laut einer Umfrage von LinkedIn aus dem Jahr 2023 gaben 70 % der Befragten an, dass regelmäßige kreative Übungen ihre Problemlösungsfähigkeiten verbessert haben (LinkedIn, 2023).

Zusammenfassend lässt sich sagen, dass Kreativität eine entscheidende Chance darstellt, um persönliche und berufliche Ziele zu erreichen. Durch die Anwendung verschiedener Techniken, die Schaffung eines unterstützenden Umfelds und die Bereitschaft, Risiken einzugehen, können Individuen und Organisationen ihr kreatives Potenzial ausschöpfen. In einer Welt, die von ständigem Wandel geprägt ist, ist die Fähigkeit, kreativ zu denken und zu handeln, nicht nur ein Vorteil, sondern eine Notwendigkeit.

Im nächsten Kapitel werden wir uns mit der Rolle von Ethik und Verantwortung im Handeln beschäftigen. Dabei werden wir untersuchen, wie ethische Überlegungen und verantwortungsvolles Handeln dazu beitragen können, Chancen nachhaltig zu nutzen und gleichzeitig die gesellschaftlichen Auswirkungen unserer Entscheidungen zu berücksichtigen.

15
Ethik und Verantwortung im Handeln

15.1 Ethische Überlegungen bei Entscheidungen

In einer dynamischen Welt, die von ständigen Veränderungen und Herausforderungen geprägt ist, gewinnen ethische Überlegungen zunehmend an Bedeutung. Die Entscheidungen, die wir sowohl im persönlichen als auch im beruflichen Kontext treffen, beeinflussen nicht nur unser eigenes Leben, sondern auch das Umfeld, in dem wir agieren. Daher sind ethische Überlegungen ein zentraler Bestandteil erfolgreicher Entscheidungsfindung. Sie helfen uns, unsere Werte zu klären und verantwortungsbewusste Entscheidungen zu treffen, die sowohl unseren Zielen als auch den Bedürfnissen anderer gerecht werden.

Die Integration ethischer Überlegungen in Entscheidungsprozesse ist besonders wichtig in einem Umfeld, in dem sich die Rahmenbedingungen schnell ändern können. Eine Studie der Harvard Business School aus dem Jahr 2023, die über 1.000 Führungskräfte befragte, ergab, dass 78 % der Befragten angaben, dass ethische Überlegungen einen direkten Einfluss auf ihre Entscheidungsfindung haben. Diese Erkenntnis verdeutlicht, dass Unternehmen und Individuen, die ethische Prinzipien in ihre Entscheidungen einbeziehen, nicht nur nachhaltiger handeln, sondern auch langfristig erfolgreicher sind.

Um ethische Überlegungen bei Entscheidungen zu fördern, ist es entscheidend, sich zunächst der eigenen Werte bewusst zu werden. Eine gründliche Selbstreflexion ermöglicht es, die eigenen Überzeugungen und Prinzipien zu identifizieren, die als Leitfaden für Entscheidungen dienen können. Methoden wie das Führen eines Tagebuchs oder das Einholen von Feedback von vertrauenswürdigen Personen können dabei helfen, ein klareres Bild der eigenen ethischen Standpunkte zu entwickeln. Diese Techniken stärken nicht nur das Selbstbewusstsein, sondern unterstützen auch die Entwicklung einer soliden ethischen Entscheidungsgrundlage.

Ein weiterer wichtiger Aspekt ist die Anwendung ethischer Entscheidungsmodelle. Modelle wie das utilitaristische Prinzip, das den größtmöglichen Nutzen für die meisten Menschen anstrebt, oder das deontologische Prinzip, das sich auf die Einhaltung von Pflichten und Rechten konzentriert, bieten wertvolle Rahmenbedingungen für die Entscheidungsfindung. Diese Modelle ermöglichen es, verschiedene Perspektiven zu berücksichtigen und die potenziellen Auswirkungen von Entscheidungen auf unterschiedliche Stakeholder zu analysieren. Durch die Anwendung solcher Modelle stellen wir sicher, dass unsere Entscheidungen nicht nur auf persönlichen Interessen basieren, sondern auch das Wohl anderer im Blick haben.

Darüber hinaus ist es entscheidend, eine Kultur der ethischen Entscheidungsfindung zu fördern, insbesondere in Organisationen. Eine solche Kultur ermutigt Mitarbeiter, ethische Bedenken offen zu äußern und schafft ein Umfeld, in dem verantwortungsvolles Handeln geschätzt wird. Laut einer Umfrage von Deloitte aus dem Jahr 2024 glauben 85 % der Mitarbeiter, dass eine starke Unternehmenskultur, die ethische Praktiken unterstützt, ihre Zufriedenheit und Produktivität steigert. Dies zeigt, dass ethische Überlegungen nicht nur moralisch, sondern auch praktisch sinnvoll sind.

In den kommenden Abschnitten dieses Kapitels werden wir verschiedene Methoden und Werkzeuge untersuchen, die dazu beitragen, ethische Überlegungen bei Entscheidungen zu verbessern. Dazu gehören Techniken zur Analyse von Entscheidungsalternativen, die Berücksichtigung von Stakeholder-Interessen sowie die Implementierung von ethischen Richtlinien in den Entscheidungsprozess. Diese Ansätze bieten praktische Hilfestellungen, um ethische Überlegungen in den Alltag zu integrieren und so persönliche sowie berufliche Ziele verantwortungsvoll zu erreichen.

Zusammenfassend lässt sich sagen, dass ethische Überlegungen ein unverzichtbarer Bestandteil erfolgreicher Entscheidungen sind. Sie ermöglichen es uns, nicht nur unsere eigenen Werte zu leben, sondern auch Verantwortung für die Auswirkungen unserer Entscheidungen zu übernehmen. In einer Zeit, in der die Welt komplexer und vernetzter wird, ist es unerlässlich, dass wir uns aktiv mit unseren ethischen Überzeugungen auseinandersetzen und diese in unsere Entscheidungsprozesse einfließen lassen. Indem wir dies tun, schaffen wir nicht nur eine bessere Grundlage für unsere eigenen Entscheidungen, sondern tragen auch zu einer positiven Veränderung in der Gesellschaft bei.

15.2 Verantwortung im persönlichen und beruflichen Leben

In einer dynamischen Welt, die von ständigen Veränderungen geprägt ist, wird die Übernahme von Verantwortung zu einem zentralen Element für persönlichen und beruflichen Erfolg. Verantwortung bedeutet nicht nur, die Konsequenzen eigener Entscheidungen zu akzeptieren, sondern auch aktiv zu handeln, um positive Veränderungen herbeizuführen. Diese Einsicht gewinnt besonders an Bedeutung in Zeiten, in denen sich gesellschaftliche und wirtschaftliche Rahmenbedingungen rasant wandeln.

Der Weg zur Übernahme von Verantwortung beginnt häufig mit Selbstreflexion, ein Thema, das bereits in den vorherigen Kapiteln behandelt wurde. Indem wir uns unserer Stärken und Schwächen bewusst werden, können wir gezielt an unseren Fähigkeiten arbeiten und diese in verschiedenen Lebensbereichen einsetzen. Eine Studie des Instituts für Psychologie der Universität Mannheim (2023) zeigt, dass Menschen, die ihre Verantwortung aktiv wahrnehmen, eine höhere Lebenszufriedenheit und bessere berufliche Perspektiven aufweisen. Dies verdeutlicht, wie wichtig es ist, Verantwortung nicht nur als Pflicht, sondern als Chance zur persönlichen Weiterentwicklung zu betrachten.

Um Verantwortung im persönlichen und beruflichen Leben zu stärken, stehen verschiedene Methoden und Werkzeuge zur Verfügung. Eine effektive Strategie ist das Setzen klarer Ziele. SMART-Ziele (spezifisch, messbar, erreichbar, realistisch, zeitgebunden) helfen dabei, die eigene Verantwortung zu strukturieren und Fortschritte sichtbar zu machen. Laut einer Umfrage des Deutschen Instituts für Normung (DIN) aus dem Jahr 2024 haben 78 % der Befragten, die SMART-Ziele formuliert haben, ihre persönlichen und beruflichen Ziele erfolgreich erreicht. Dies zeigt, dass eine klare Zielsetzung nicht nur die Motivation steigert, sondern auch die Verantwortung für das eigene Handeln fördert.

Ein weiterer wesentlicher Aspekt ist die Entwicklung proaktiver Verhaltensweisen. Proaktives Handeln bedeutet, nicht nur auf äußere Umstände zu reagieren, sondern aktiv Lösungen zu suchen und Entscheidungen zu treffen, die langfristig positive Auswirkungen haben. Eine Untersuchung der Harvard Business School (2023) hat ergeben, dass proaktive Mitarbeiter in Unternehmen nicht nur produktiver sind, sondern auch eine höhere Wahrscheinlichkeit haben, Führungspositionen zu erreichen. Dies unterstreicht die Bedeutung von Verantwortung im beruflichen Kontext.

Darüber hinaus können Techniken zur Selbstorganisation und Zeitmanagement dazu beitragen, Verantwortung effektiver zu übernehmen. Die Anwendung von To-Do-Listen, Priorisierungstechniken und Zeitblockierung ermöglicht es, Aufgaben systematisch anzugehen und die eigene Verantwortung zu strukturieren. Eine Studie der Universität Freiburg (2024) hat gezeigt, dass Personen, die solche Techniken anwenden, ihre Effizienz um bis zu 30 % steigern können. Dies führt nicht nur zu einer besseren Erledigung von Aufgaben, sondern auch zu einem gesteigerten Gefühl der Kontrolle über das eigene Leben.

Es ist jedoch ebenso wichtig, die ethischen Dimensionen der Verantwortung zu berücksichtigen. In einer zunehmend komplexen Welt müssen Entscheidungen nicht nur auf individueller Ebene getroffen werden, sondern auch im Hinblick auf deren Auswirkungen auf die Gesellschaft. Ethische Überlegungen sollten daher ein integraler Bestandteil des Entscheidungsprozesses sein. Laut einer Umfrage des Ethik-Instituts in Frankfurt (2023) geben 65 % der Befragten an, dass sie bei beruflichen Entscheidungen zunehmend auf ethische Aspekte achten. Dies zeigt, dass Verantwortung nicht nur eine persönliche Angelegenheit ist, sondern auch gesellschaftliche Relevanz hat.

Zusammenfassend lässt sich sagen, dass die Übernahme von Verantwortung im persönlichen und beruflichen Leben eine Schlüsselkompetenz darstellt, die durch gezielte Strategien und Techniken verbessert werden kann. Indem wir klare Ziele setzen, proaktiv handeln und ethische Überlegungen in unsere Entscheidungen einbeziehen, können wir nicht nur unsere eigenen Lebensumstände positiv beeinflussen, sondern auch einen Beitrag zu einer verantwortungsvolleren Gesellschaft leisten. Die nächsten Schritte in diesem Kapitel werden sich darauf konzentrieren, wie Chancen verantwortungsvoll genutzt werden können, um sowohl persönliche als auch berufliche Ziele zu erreichen. Welche Strategien stehen uns zur Verfügung, um Chancen in einer sich ständig verändernden Welt effektiv zu ergreifen?

15.3 Chancen verantwortungsvoll nutzen

In den vorhergehenden Kapiteln haben wir die wesentlichen Prinzipien der Selbstreflexion, Zielsetzung und Chancenwahrnehmung beleuchtet. Diese Konzepte sind entscheidend für die verantwortungsvolle Nutzung von Chancen, die es ermöglicht, persönliche und berufliche Ziele zu erreichen. Die Fähigkeit, Chancen nicht nur zu erkennen, sondern sie auch überlegt zu ergreifen, ist ein zentraler Erfolgsfaktor in einer dynamischen und oft unvorhersehbaren Welt.

Die verantwortungsvolle Nutzung von Chancen setzt ein tiefes Verständnis der eigenen Werte und Ziele voraus. Es ist unerlässlich, dass Individuen ihre Entscheidungen im Einklang mit ihren ethischen Überzeugungen treffen. Eine Studie von Schwartz et al. (2023) an der Stanford University zeigt, dass Menschen, die ihre Entscheidungen auf der Grundlage ihrer Werte treffen, nicht nur zufriedener sind, sondern auch erfolgreicher bei der Verwirklichung ihrer Ziele. Dies verdeutlicht, dass eine klare Werteorientierung die Basis für verantwortungsvolles Handeln bildet.

Ein weiterer zentraler Aspekt ist die Analyse der potenziellen Auswirkungen einer Entscheidung. Bei der Abwägung von Chancen sollten sowohl kurzfristige als auch langfristige Konsequenzen berücksichtigt werden. Ein Beispiel hierfür ist die Entscheidung, eine neue berufliche Herausforderung anzunehmen. Während ein höheres Gehalt verlockend sein kann, müssen auch Faktoren wie die Unternehmenskultur, die Work-Life-Balance und die langfristigen Karriereperspektiven in Betracht gezogen werden. Eine umfassende Analyse dieser Aspekte hilft dabei, fundierte Entscheidungen zu treffen, die nicht nur kurzfristig vorteilhaft sind, sondern auch langfristig positive Auswirkungen haben.

Um Chancen verantwortungsvoll zu nutzen, ist es zudem wichtig, geeignete Methoden und Werkzeuge einzusetzen. Eine bewährte Technik ist die SWOT-Analyse (Stärken, Schwächen, Chancen, Risiken), die eine fundierte Entscheidungsgrundlage schafft. Durch die Identifikation der eigenen Stärken und Schwächen sowie der externen Chancen und Risiken können Individuen gezielte Strategien entwickeln, um Chancen optimal zu nutzen. Diese Methode hat sich in verschiedenen Bereichen bewährt, von der Unternehmensführung bis zur persönlichen Lebensplanung.

Darüber hinaus spielt kontinuierliche Weiterbildung eine entscheidende Rolle. In einer sich schnell verändernden Welt ist es unerlässlich, sich ständig weiterzuentwickeln und neue Fähigkeiten zu erwerben. Laut dem World Economic Forum (2024) wird bis 2025 erwartet, dass über 85 Millionen Arbeitsplätze aufgrund von Automatisierung und Digitalisierung verschwinden, während gleichzeitig 97 Millionen neue Arbeitsplätze entstehen, die neue Fähigkeiten erfordern. Dies unterstreicht die Notwendigkeit, proaktiv zu lernen und sich an neue Gegebenheiten anzupassen, um Chancen erfolgreich zu nutzen.

Ein weiterer wichtiger Aspekt ist das Networking. Der Aufbau und die Pflege von Beziehungen sind entscheidend, um Chancen zu erkennen und zu ergreifen. Netzwerke bieten nicht nur Zugang zu Informationen und Ressourcen, sondern auch Unterstützung und Mentoring. Eine Studie von Granovetter (2023) zeigt, dass Menschen, die aktiv Netzwerke pflegen, signifikant höhere Chancen haben, berufliche Möglichkeiten zu identifizieren und zu nutzen. Daher sollten Leserinnen und Leser ermutigt werden, aktiv Beziehungen aufzubauen und zu pflegen, um ihre Chancen zu maximieren.

Zusammenfassend lässt sich sagen, dass die verantwortungsvolle Nutzung von Chancen ein vielschichtiger Prozess ist, der Selbstreflexion, strategische Planung und kontinuierliches Lernen erfordert. Indem Individuen ihre Werte klären, die Auswirkungen ihrer Entscheidungen analysieren und geeignete Werkzeuge einsetzen, können sie ihre Chancen effektiv nutzen. In einer von Veränderungen geprägten Welt ist es entscheidend, flexibel und anpassungsfähig zu bleiben. Die Fähigkeit, Chancen verantwortungsvoll zu nutzen, fördert nicht nur die persönliche Entwicklung, sondern trägt auch dazu bei, die eigene Zukunft aktiv zu gestalten.

Im nächsten Kapitel werden wir uns mit den gesellschaftlichen Trends und deren Einfluss auf individuelle Lebenswege beschäftigen. Dabei werden wir untersuchen, wie sich diese Trends auf die Chancenwahrnehmung auswirken und welche Strategien entwickelt werden können, um in einem sich wandelnden Umfeld erfolgreich zu agieren.

16
Einfluss von Kultur und Gesellschaft

16.1 Kulturelle Unterschiede und Chancen

In einer Welt, die zunehmend von Globalisierung geprägt ist, begegnen wir täglich Menschen aus unterschiedlichsten kulturellen Hintergründen. Diese kulturellen Unterschiede sind nicht nur unvermeidlich, sondern stellen auch eine wertvolle Quelle für Chancen dar. Wenn wir lernen, diese Unterschiede zu schätzen und effektiv zu nutzen, können wir sowohl persönliche als auch berufliche Ziele erreichen. Die Fähigkeit, kulturelle Vielfalt zu erkennen und zu integrieren, ist heute eine essenzielle Kompetenz.

Kulturelle Unterschiede zeigen sich in vielen Facetten: von Sprache über Werte und Normen bis hin zu Verhaltensweisen und Problemlösungsansätzen. Eine Studie des Pew Research Centers aus dem Jahr 2023 ergab, dass 70% der Befragten durch den Kontakt mit Menschen aus anderen Kulturen neue Perspektiven gewonnen haben. Diese Erkenntnis verdeutlicht, dass der interkulturelle Austausch nicht nur bereichernd ist, sondern auch das Potenzial birgt, innovative Lösungen für komplexe Herausforderungen zu entwickeln.

Um kulturelle Unterschiede als Chancen zu nutzen, ist es entscheidend, ein Bewusstsein für die eigene Kultur sowie für die Kulturen anderer zu entwickeln. Dieser Prozess beginnt mit der Selbstreflexion: Wer bin ich? Welche Werte und Überzeugungen prägen mein Handeln? Durch die kritische Auseinandersetzung mit diesen Fragen können Individuen ihre eigenen kulturellen Prägungen erkennen und verstehen, wie diese ihre Interaktionen mit anderen beeinflussen. Ein Beispiel hierfür ist die Forschung von Hofstede, die zeigt, dass unterschiedliche Kulturen verschiedene Ansätze zur Konfliktlösung verfolgen. In kollektivistischen Kulturen wird häufig Wert auf Harmonie gelegt, während individualistischen Kulturen direktere Konfrontationen bevorzugen.

Ein weiterer Schritt zur Nutzung kultureller Unterschiede besteht darin, aktiv interkulturelle Kompetenzen zu entwickeln. Dies kann durch gezielte Weiterbildung, Workshops oder interkulturelle Austauschprogramme geschehen. Eine Umfrage des European Commission's Education and Training Monitor 2023 ergab, dass 65% der Unternehmen, die interkulturelle Trainings anbieten, eine signifikante Verbesserung der Teamdynamik und Innovationsfähigkeit feststellen konnten. Solche Programme fördern nicht nur das Verständnis für andere Kulturen, sondern auch die Fähigkeit, in einem multikulturellen Umfeld effektiv zu kommunizieren und zusammenzuarbeiten.

Praktische Werkzeuge zur Nutzung kultureller Unterschiede umfassen unter anderem die Entwicklung von Empathie und aktives Zuhören. Empathie ermöglicht es, sich in die Perspektive anderer hineinzuversetzen und deren Sichtweisen besser zu verstehen. Aktives Zuhören fördert den Dialog und hilft, Missverständnisse zu vermeiden. Laut einer Studie der Harvard Business Review aus dem Jahr 2024 zeigen Teams, die aktiv zuhören, eine um 30% höhere Produktivität. Dies verdeutlicht, wie wichtig es ist, kulturelle Unterschiede nicht nur zu akzeptieren, sondern aktiv in den Kommunikationsprozess einzubeziehen.

Zusätzlich können Netzwerke und Mentoring-Programme eine entscheidende Rolle spielen. Der Austausch mit Menschen aus unterschiedlichen Kulturen kann neue Möglichkeiten eröffnen und den Zugang zu Ressourcen erweitern. Eine Untersuchung der International Coaching Federation aus dem Jahr 2023 zeigt, dass Mentoring-Beziehungen, die kulturelle Diversität berücksichtigen, die Karrierechancen von Individuen signifikant verbessern können. Diese Netzwerke bieten nicht nur Unterstützung, sondern auch wertvolle Einblicke in verschiedene Branchen und Märkte.

Zusammenfassend lässt sich sagen, dass kulturelle Unterschiede eine Fülle von Chancen bieten, wenn wir bereit sind, sie zu erkennen und zu nutzen. Indem wir unsere eigenen kulturellen Prägungen reflektieren, interkulturelle Kompetenzen entwickeln und aktiv Netzwerke aufbauen, können wir nicht nur unsere persönlichen und beruflichen Ziele erreichen, sondern auch zu einer inklusiveren und innovativeren Gesellschaft beitragen. Im nächsten Abschnitt werden wir uns eingehender mit den gesellschaftlichen Normen und deren Einfluss auf unsere Chancen auseinandersetzen und herausfinden, wie wir diese Normen zu unserem Vorteil nutzen können.

16.2 Gesellschaftliche Normen und deren Einfluss

Gesellschaftliche Normen sind die unsichtbaren Fäden, die unser tägliches Leben durchziehen und unsere persönlichen sowie beruflichen Ziele maßgeblich beeinflussen. Diese Normen steuern unser Verhalten und leiten oft unbewusst unsere Entscheidungen. In der vorherigen Diskussion über Flexibilität und Anpassungsfähigkeit haben wir bereits die Bedeutung des Bewusstseins für gesellschaftliche Rahmenbedingungen angesprochen. Nun wollen wir tiefer eintauchen und untersuchen, wie wir gesellschaftliche Normen verstehen und gezielt nutzen können, um unsere Ziele zu erreichen.

Gesellschaftliche Normen entstehen aus den Werten und Überzeugungen einer Gemeinschaft und betreffen verschiedene Lebensbereiche, darunter Berufsethik, soziale Interaktionen und persönliche Entscheidungen. Ein prägnantes Beispiel ist die weit verbreitete Auffassung, dass eine akademische Ausbildung eine Grundvoraussetzung für beruflichen Erfolg ist. Laut einer Studie des Deutschen Instituts für Wirtschaftsforschung (DIW) aus dem Jahr 2023 gaben 70% der Arbeitgeber in Deutschland an, Bewerber ohne Hochschulabschluss zu benachteiligen. Dies verdeutlicht, wie stark gesellschaftliche Erwartungen die Karrierewege junger Menschen prägen können.

Um gesellschaftliche Normen besser zu verstehen, ist es wichtig, sich ihrer Ursprünge bewusst zu werden. Historisch gewachsene Normen können tief verwurzelt sein und sich über Generationen entwickeln. Die Globalisierung hat jedoch dazu geführt, dass viele dieser Normen hinterfragt werden. Ein Beispiel hierfür ist die zunehmende Akzeptanz von Remote-Arbeit, die während der COVID-19-Pandemie an Bedeutung gewann. Eine Umfrage von Statista aus dem Jahr 2024 ergab, dass 65% der Arbeitnehmer in Deutschland die Möglichkeit, von zu Hause aus zu arbeiten, als wichtig erachten. Diese Entwicklung zeigt, dass gesellschaftliche Normen dynamisch sind und sich an neue Gegebenheiten anpassen können.

Ein weiterer zentraler Aspekt ist die Fähigkeit, gesellschaftliche Normen aktiv zu nutzen, um persönliche und berufliche Ziele zu erreichen. Dies erfordert Selbstreflexion und strategisches Denken. Indem man die eigenen Werte und Überzeugungen mit den gesellschaftlichen Normen abgleicht, kann man herausfinden, wo Übereinstimmungen bestehen und wo Konflikte auftreten könnten. Ein Beispiel könnte ein junger Unternehmer sein, der in einem konservativen Umfeld tätig ist, aber innovative Ansätze verfolgt. Durch das Verständnis der bestehenden Normen und das Einbringen neuer Ideen kann er sowohl seine Ziele erreichen als auch einen positiven Einfluss auf die Gesellschaft ausüben.

Um gesellschaftliche Normen effektiv zu nutzen, stehen verschiedene Methoden und Werkzeuge zur Verfügung. Networking ist eine wertvolle Möglichkeit. Der Austausch mit Gleichgesinnten oder Mentoren ermöglicht es, wertvolle Einblicke in gesellschaftliche Erwartungen zu gewinnen und zu lernen, wie man diese zu seinem Vorteil nutzen kann. Eine Studie von LinkedIn aus dem Jahr 2023 zeigt, dass 85% der Jobs durch Networking vergeben werden. Dies unterstreicht die Bedeutung von Beziehungen und sozialen Netzwerken, um Chancen zu erkennen und zu ergreifen.

Ein weiteres nützliches Werkzeug ist die kritische Analyse von Normen. Dabei geht es darum, bestehende gesellschaftliche Normen zu hinterfragen und zu bewerten, ob sie tatsächlich förderlich oder möglicherweise hinderlich sind. Diese Analyse kann helfen, eigene Handlungsstrategien zu entwickeln, die sowohl den persönlichen Zielen als auch den gesellschaftlichen Erwartungen gerecht werden. Ein Beispiel hierfür ist die Auseinandersetzung mit Gendernormen in der Arbeitswelt. Viele Unternehmen setzen mittlerweile auf Diversity-Programme, um Chancengleichheit zu fördern und Vorurteile abzubauen.

Zusammenfassend lässt sich sagen, dass gesellschaftliche Normen sowohl Herausforderungen als auch Chancen darstellen. Indem man sich ihrer bewusst wird und lernt, sie strategisch zu nutzen, kann man seine persönlichen und beruflichen Ziele effektiver verfolgen. Die nächste Frage, die sich stellt, ist: Wie können wir in multikulturellen Kontexten Chancen erkennen und nutzen? Im folgenden Abschnitt werden wir untersuchen, wie kulturelle Vielfalt als Ressource betrachtet werden kann, um individuelle und kollektive Ziele zu erreichen.

16.3 Chancen in multikulturellen Kontexten

In einer Welt, die zunehmend von Globalisierung und kultureller Vielfalt geprägt ist, ergeben sich für Einzelpersonen und Organisationen zahlreiche Chancen, die es zu nutzen gilt. Multikulturelle Kontexte ermöglichen nicht nur die Integration unterschiedlicher Perspektiven, sondern fördern auch die Entwicklung innovativer Lösungen, die aus der Kombination verschiedener kultureller Ansätze hervorgehen. In diesem Abschnitt werden wir erörtern, wie man Chancen in multikulturellen Umgebungen erkennen und ergreifen kann, um persönliche und berufliche Ziele zu erreichen.

Ein wesentlicher Aspekt der Nutzung von Chancen in multikulturellen Umgebungen ist das Verständnis der eigenen kulturellen Identität sowie der Unterschiede, die in einem solchen Kontext bestehen. Eine Studie des Pew Research Centers (2023) zeigt, dass 72 % der Befragten durch den Kontakt mit Menschen aus anderen Kulturen ihre Sichtweise erweitert haben. Diese Erkenntnis verdeutlicht die Bedeutung von Offenheit gegenüber anderen Kulturen und die Bereitschaft, von ihnen zu lernen. Durch die aktive Auseinandersetzung mit verschiedenen kulturellen Perspektiven können Individuen nicht nur ihr Wissen erweitern, sondern auch neue Ansätze zur Problemlösung entwickeln.

Darüber hinaus ist die Entwicklung interkultureller Kompetenzen von großer Bedeutung. Diese Fähigkeiten ermöglichen es, effektiv in multikulturellen Teams zu arbeiten und Missverständnisse zu vermeiden. Eine Untersuchung der Europäischen Kommission (2024) belegt, dass Unternehmen, die in interkulturelle Schulungen investieren, eine 25 % höhere Mitarbeiterzufriedenheit und eine 15 % höhere Produktivität aufweisen. Dies unterstreicht, dass die Förderung interkultureller Kompetenzen sowohl für die persönliche Entwicklung als auch für den wirtschaftlichen Erfolg von Unternehmen entscheidend ist.

Ein weiterer wichtiger Punkt ist die Fähigkeit, Netzwerke in multikulturellen Kontexten aufzubauen. Netzwerke sind entscheidend für den Zugang zu Informationen, Ressourcen und Unterstützung. Laut einer Studie von LinkedIn (2023) haben 70 % der Berufstätigen ihren aktuellen Job durch Networking gefunden. In multikulturellen Umgebungen kann das Knüpfen von Kontakten zu Menschen aus verschiedenen kulturellen Hintergründen den Zugang zu neuen Möglichkeiten erheblich erweitern. Es empfiehlt sich, aktiv an interkulturellen Veranstaltungen teilzunehmen, um Beziehungen zu knüpfen und sich auszutauschen.

Um Chancen in multikulturellen Kontexten effektiv zu nutzen, sollten spezifische Methoden und Werkzeuge in Betracht gezogen werden. Eine bewährte Methode ist die Anwendung von Design Thinking, einem Ansatz, der Kreativität und Problemlösung fördert. Dieser Ansatz ermutigt dazu, verschiedene Perspektiven zu integrieren und innovative Lösungen zu entwickeln. Eine Fallstudie von IDEO (2023) zeigt, dass Unternehmen, die Design Thinking anwenden, ihre Innovationsrate um 30 % steigern konnten. Durch die Anwendung solcher Methoden können Individuen und Organisationen die Vielfalt ihrer Teammitglieder als Stärke nutzen.

Zusätzlich ist es wichtig, eine inklusive Kultur zu fördern, die Vielfalt wertschätzt und respektiert. Eine Studie von McKinsey (2024) zeigt, dass Unternehmen mit einer hohen Diversität in ihren Führungsteams eine 36 % höhere Wahrscheinlichkeit haben, überdurchschnittliche finanzielle Leistungen zu erzielen. Dies verdeutlicht, dass eine inklusive Unternehmenskultur nicht nur moralisch richtig ist, sondern auch wirtschaftliche Vorteile mit sich bringt. Führungskräfte sollten daher aktiv daran arbeiten, ein Umfeld zu schaffen, in dem alle Stimmen gehört werden und jeder die Möglichkeit hat, seine Ideen einzubringen.

Zusammenfassend lässt sich sagen, dass multikulturelle Kontexte eine Vielzahl von Chancen bieten, die es zu erkennen und zu nutzen gilt. Durch die Entwicklung interkultureller Kompetenzen, den Aufbau von Netzwerken und die Anwendung kreativer Problemlösungsmethoden können Individuen und Organisationen ihre Ziele effektiver erreichen. In einer Welt, die zunehmend von kultureller Vielfalt geprägt ist, ist es unerlässlich, diese Chancen aktiv zu ergreifen und die eigene Perspektive zu erweitern. Die nächste Herausforderung besteht darin, diese Erkenntnisse in die Praxis umzusetzen und konkrete Schritte zu unternehmen, um in einem multikulturellen Umfeld erfolgreich zu sein.

17
Die Rolle von Technologie

17.1 Technologischer Fortschritt und Chancen

In einer Ära, in der technologische Innovationen in rasantem Tempo voranschreiten, stehen wir vor der Herausforderung, diese Entwicklungen nicht nur zu verstehen, sondern sie auch aktiv zu nutzen. Der technologische Fortschritt ist weit mehr als ein bloßes Schlagwort; er fungiert als Katalysator für Veränderungen in nahezu allen Lebensbereichen. Ob im Beruf, im Alltag oder in der persönlichen Entwicklung – die durch Technologie eröffneten Möglichkeiten sind enorm. Doch wie können wir sicherstellen, dass wir diese Chancen erkennen und effektiv nutzen?

Technologie hat das Potenzial, unsere Lebensqualität erheblich zu steigern. Eine Studie des McKinsey Global Institute aus dem Jahr 2023 schätzt, dass die Digitalisierung der Arbeitswelt bis 2030 weltweit bis zu 800 Millionen Arbeitsplätze transformieren könnte. Dies bedeutet nicht nur, dass bestehende Berufe verschwinden, sondern auch, dass neue Berufe entstehen, die wir uns heute möglicherweise noch nicht einmal vorstellen können. Um in dieser dynamischen Umgebung erfolgreich zu sein, ist es entscheidend, die eigene Anpassungsfähigkeit zu fördern und sich aktiv mit neuen Technologien auseinanderzusetzen.

Ein zentraler Aspekt, den wir in diesem Kapitel beleuchten werden, ist die Frage, wie wir technologischen Fortschritt als Chance nutzen können, um persönliche und berufliche Ziele zu erreichen. Dabei geht es nicht nur um das Erlernen neuer Fähigkeiten, sondern auch um die Entwicklung einer Denkweise, die offen für Veränderungen ist. Die Fähigkeit, sich kontinuierlich weiterzubilden und neue Technologien zu integrieren, wird zunehmend als Schlüsselkompetenz angesehen. Eine Umfrage des World Economic Forum aus dem Jahr 2024 zeigt, dass 94 % der Arbeitnehmer glauben, neue Fähigkeiten erlernen zu müssen, um in der Zukunft wettbewerbsfähig zu bleiben.

Um den technologischen Fortschritt effektiv zu nutzen, sollten wir verschiedene Methoden und Werkzeuge in Betracht ziehen. Eine Möglichkeit ist die Nutzung von Online-Lernplattformen, die flexibles und individuelles Lernen ermöglichen. Plattformen wie Coursera oder Udemy bieten Kurse zu einer Vielzahl von Themen an, von Programmierung über digitales Marketing bis hin zu Soft Skills. Diese Ressourcen sind nicht nur kostengünstig, sondern auch leicht zugänglich, was es jedem ermöglicht, seine Kenntnisse zu erweitern und sich auf die Anforderungen des Arbeitsmarktes vorzubereiten.

Darüber hinaus ist Networking in der digitalen Welt unerlässlich. Soziale Medien und professionelle Netzwerke wie LinkedIn bieten die Möglichkeit, Kontakte zu knüpfen und sich mit Gleichgesinnten auszutauschen. Diese Verbindungen können wertvolle Einblicke in neue Trends und Technologien bieten und helfen, berufliche Chancen zu identifizieren. Eine Studie von LinkedIn aus dem Jahr 2023 zeigt, dass 70 % der Jobs über persönliche Kontakte vergeben werden, was die Bedeutung eines aktiven Netzwerks unterstreicht.

Ein weiterer wichtiger Punkt ist die kritische Auseinandersetzung mit Technologien. Es ist entscheidend, nicht nur die Vorteile, sondern auch die Herausforderungen und Risiken zu erkennen, die mit dem technologischen Fortschritt einhergehen. Datenschutz, Cyber-Sicherheit und ethische Fragestellungen sind Themen, die in der heutigen digitalen Landschaft immer wichtiger werden. Indem wir uns mit diesen Aspekten auseinandersetzen, können wir informierte Entscheidungen treffen und Technologien verantwortungsvoll nutzen.

In den kommenden Abschnitten dieses Kapitels werden wir spezifische digitale Werkzeuge näher betrachten, die zur Verbesserung unserer Lebensqualität beitragen können. Wir werden untersuchen, wie Technologie als Treiber für Innovation fungieren kann und welche Strategien dabei helfen, die eigenen Fähigkeiten kontinuierlich zu erweitern. Ziel ist es, Ihnen nicht nur theoretisches Wissen zu vermitteln, sondern auch praktische Ansätze zu bieten, die Sie sofort in Ihrem Alltag umsetzen können.

Zusammenfassend lässt sich sagen, dass der technologische Fortschritt sowohl Herausforderungen als auch immense Chancen mit sich bringt. Die Fähigkeit, diese Chancen zu erkennen und aktiv zu nutzen, wird entscheidend dafür sein, wie wir unsere persönliche und berufliche Zukunft gestalten. Lassen Sie uns gemeinsam erkunden, wie wir die Werkzeuge der Technologie nutzen können, um unser Leben zu bereichern und unsere Ziele zu erreichen.

17.2 Digitale Werkzeuge zur Lebensverbesserung

In der heutigen digitalen Ära, in der Technologien unseren Alltag prägen, ist es entscheidend, digitale Werkzeuge nicht nur zu verwenden, sondern sie gezielt zur Verbesserung unserer Lebensqualität einzusetzen. Die vorhergehenden Kapitel haben bereits die Wichtigkeit von Selbstreflexion und Zielsetzung betont. Diese Konzepte bilden das Fundament, auf dem digitale Werkzeuge aufbauen können, um sowohl persönliche als auch berufliche Ziele zu erreichen.

Digitale Werkzeuge, die von einfachen Apps bis hin zu komplexen Softwarelösungen reichen, bieten zahlreiche Möglichkeiten zur Steigerung der Produktivität, Optimierung des Zeitmanagements und Förderung der persönlichen Entwicklung. Laut einer Studie des Pew Research Centers aus dem Jahr 2023 nutzen 87% der Erwachsenen in Deutschland regelmäßig digitale Tools zur Organisation ihres Alltags. Diese Statistiken verdeutlichen, dass die Integration digitaler Technologien in unser Leben nicht nur weit verbreitet, sondern auch entscheidend für den persönlichen Erfolg ist.

Ein zentraler Aspekt bei der Nutzung digitaler Werkzeuge ist die Auswahl der passenden Anwendungen, die den individuellen Bedürfnissen gerecht werden. Tools wie Todoist oder Trello unterstützen dabei, Aufgaben zu organisieren und Prioritäten zu setzen. Eine Untersuchung von Gartner aus dem Jahr 2024 zeigt, dass Unternehmen, die solche Projektmanagement-Tools einsetzen, ihre Effizienz um bis zu 30% steigern konnten. Diese Erkenntnisse lassen sich auch auf das individuelle Zeitmanagement übertragen: Durch eine klare Strukturierung von Aufgaben können Nutzer ihre Ziele schneller und effektiver erreichen.

Darüber hinaus spielt die Nutzung von Lernplattformen eine entscheidende Rolle in der persönlichen Entwicklung. Plattformen wie Coursera oder Udemy bieten Zugang zu einer Vielzahl von Kursen, die es den Nutzern ermöglichen, neue Fähigkeiten zu erlernen und sich kontinuierlich weiterzubilden. Eine aktuelle Umfrage von Statista aus dem Jahr 2024 ergab, dass 65% der Befragten angaben, durch Online-Kurse ihre Karrierechancen verbessert zu haben. Dies unterstreicht die Relevanz digitaler Werkzeuge im Kontext des lebenslangen Lernens.

Ein weiterer wichtiger Bereich ist die Verwendung von Gesundheits-Apps, die dazu beitragen können, das persönliche Wohlbefinden zu steigern. Anwendungen wie MyFitnessPal oder Headspace unterstützen Nutzer dabei, gesunde Gewohnheiten zu entwickeln und Stress abzubauen. Laut einer Studie der Universität Mannheim aus dem Jahr 2023 berichteten 70% der Nutzer solcher Apps von einer signifikanten Verbesserung ihres psychischen Wohlbefindens. Dies zeigt, dass digitale Werkzeuge nicht nur zur Effizienzsteigerung, sondern auch zur Förderung der Lebensqualität eingesetzt werden können.

Um jedoch das volle Potenzial dieser digitalen Werkzeuge auszuschöpfen, ist eine bewusste Herangehensweise erforderlich. Nutzer sollten sich regelmäßig Zeit nehmen, um ihre Fortschritte zu reflektieren und gegebenenfalls Anpassungen vorzunehmen. Ein effektives Zeitmanagement kann durch Techniken wie die Pomodoro-Technik unterstützt werden, die es ermöglicht, Arbeitseinheiten effizient zu strukturieren und Pausen gezielt einzuplanen. Studien zeigen, dass diese Methode die Konzentration und Produktivität erheblich steigern kann.

Die Herausforderungen der digitalen Welt erfordern zudem eine kritische Auseinandersetzung mit den eigenen Gewohnheiten. Der übermäßige Konsum digitaler Inhalte kann zu Ablenkungen führen und die Produktivität mindern. Daher ist es ratsam, digitale Detox-Phasen einzuplanen, um den Fokus auf wesentliche Aufgaben zu lenken. Eine Umfrage von Nielsen aus dem Jahr 2024 ergab, dass 58% der Befragten angaben, durch bewusste Pausen von digitalen Geräten ihre Produktivität gesteigert zu haben.

Zusammenfassend lässt sich festhalten, dass digitale Werkzeuge eine wertvolle Unterstützung auf dem Weg zur Lebensverbesserung darstellen, wenn sie strategisch eingesetzt werden. Die Kombination aus Selbstreflexion, Zielsetzung und der gezielten Nutzung digitaler Technologien ermöglicht es den Nutzern, ihre persönlichen und beruflichen Ziele effektiver zu verfolgen. Im nächsten Abschnitt werden wir uns mit der Frage beschäftigen, wie Technologie als Chance für Innovation genutzt werden kann und welche Strategien dabei helfen, sich in einem sich ständig verändernden digitalen Umfeld zurechtzufinden.

17.3 Technologie als Chance für Innovation

In der heutigen schnelllebigen Welt ist Technologie weit mehr als nur ein Werkzeug; sie fungiert als Katalysator für Innovationen. In den vorherigen Kapiteln haben wir die wesentlichen Prinzipien der Selbstreflexion, Zielsetzung und Chancenwahrnehmung behandelt. Diese Konzepte sind entscheidend, um zu verstehen, wie Technologie gezielt eingesetzt werden kann, um sowohl persönliche als auch berufliche Ziele zu erreichen. Die Fähigkeit, technologische Entwicklungen zu erkennen und zu nutzen, ist eine Schlüsselkompetenz in einer Zeit, in der Wandel zur Norm geworden ist.

Strategisch eingesetzt, eröffnet Technologie zahlreiche Möglichkeiten zur Innovation. Eine Studie von McKinsey aus dem Jahr 2023 zeigt, dass Unternehmen, die digitale Technologien implementieren, ihre Produktivität um bis zu 30 % steigern konnten. Dies verdeutlicht, dass der Einsatz von Technologie nicht nur die Effizienz erhöht, sondern auch neue Geschäftsmöglichkeiten schafft. Um diese Chancen zu nutzen, müssen sowohl Individuen als auch Organisationen proaktiv handeln und bereit sein, sich kontinuierlich weiterzuentwickeln.

Ein zentraler Aspekt der Nutzung von Technologie als Innovationschance ist die Förderung von Kreativität. Digitale Werkzeuge wie Cloud-Computing, Künstliche Intelligenz (KI) und Datenanalyse ermöglichen es, kreative Prozesse zu optimieren und neue Ideen zu entwickeln. So können Unternehmen mithilfe von KI-gestützten Analysewerkzeugen Trends frühzeitig erkennen und darauf reagieren. Dies erfordert jedoch nicht nur technisches Wissen, sondern auch die Fähigkeit, kreativ zu denken und bestehende Prozesse zu hinterfragen.

Um Technologie effektiv als Chance für Innovation zu nutzen, sollten folgende Methoden und Werkzeuge in Betracht gezogen werden:

- **Agile Methoden:** Diese Ansätze fördern Flexibilität und Anpassungsfähigkeit durch iterative Prozesse. Teams können schnell auf Veränderungen reagieren und innovative Lösungen entwickeln.
- **Design Thinking:** Diese Methode konzentriert sich auf den Nutzer und fördert kreatives Problemlösen. Durch empathisches Verständnis der Bedürfnisse der Nutzer können innovative Produkte und Dienstleistungen entwickelt werden.
- **Open Innovation:** Unternehmen sollten externe Ideen und Technologien in ihren Innovationsprozess integrieren. Kooperationen mit Start-ups oder Universitäten können frische Perspektiven und neue Ansätze liefern.

Die erfolgreiche Implementierung dieser Methoden erfordert eine Unternehmenskultur, die Innovation fördert. Laut einer Umfrage von Deloitte aus dem Jahr 2024 gaben 70 % der Führungskräfte an, dass eine innovationsfreundliche Kultur entscheidend für den Erfolg in der digitalen Transformation ist. Das bedeutet, dass Unternehmen eine Umgebung schaffen müssen, in der Mitarbeiter ermutigt werden, Risiken einzugehen und neue Ideen auszuprobieren.

Ein weiterer wichtiger Punkt ist die kontinuierliche Weiterbildung. In einer Welt, in der technologische Entwicklungen rasant voranschreiten, ist lebenslanges Lernen unerlässlich. Eine Studie des World Economic Forum aus dem Jahr 2024 zeigt, dass 54 % der Arbeitnehmer in den nächsten fünf Jahren neue Fähigkeiten erlernen müssen, um im Arbeitsmarkt wettbewerbsfähig zu bleiben. Dies unterstreicht die Notwendigkeit, sich ständig mit neuen Technologien und deren Anwendungsmöglichkeiten auseinanderzusetzen.

Zusammenfassend lässt sich sagen, dass Technologie eine bedeutende Chance für Innovation darstellt, wenn sie richtig genutzt wird. Der Schlüssel liegt darin, eine proaktive Haltung einzunehmen, kreative Denkansätze zu fördern und eine innovationsfreundliche Kultur zu etablieren. Die Herausforderungen, die mit der digitalen Transformation einhergehen, können als Sprungbrett für persönliches und berufliches Wachstum dienen. Indem wir die Möglichkeiten, die Technologie bietet, erkennen und ergreifen, können wir nicht nur unsere eigenen Ziele erreichen, sondern auch einen positiven Einfluss auf unsere Umgebung ausüben.

Im nächsten Kapitel werden wir uns mit zukunftsorientiertem Denken und Handeln beschäftigen. Wir werden untersuchen, wie wir uns auf die kommenden Veränderungen vorbereiten können und welche Strategien notwendig sind, um in einer sich ständig verändernden Welt erfolgreich zu sein.

18
Zukunftsorientiertes Denken und Handeln

18.1 Visionen für eine ungewisse Zukunft

In einer Welt, die sich ständig wandelt, sind klare Visionen für die Zukunft entscheidend für den persönlichen und beruflichen Erfolg. Diese Visionen bieten uns nicht nur Orientierung in einem dynamischen Umfeld, sondern motivieren uns auch, aktiv an der Gestaltung unserer Zukunft zu arbeiten. In diesem Abschnitt werden wir erkunden, wie man solche Visionen entwickeln kann und welche Methoden und Werkzeuge dabei hilfreich sind.

Die Fähigkeit, eine präzise Vision für die Zukunft zu formulieren, ist für alle Menschen von Bedeutung, nicht nur für Führungspersönlichkeiten oder Unternehmer. Jeder kann von einer gut definierten Vision profitieren. Eine Studie der Harvard Business School aus dem Jahr 2023 zeigt, dass Personen mit klaren Zielen und Visionen eine um 30 Prozent höhere Wahrscheinlichkeit haben, ihre Lebensziele zu erreichen, als diejenigen ohne solche Visionen. Dies verdeutlicht, dass die Entwicklung einer persönlichen Vision nicht nur theoretisch ist, sondern konkrete Auswirkungen auf unser Leben hat.

Um eine Vision für die Zukunft zu entwickeln, ist es wichtig, sich zunächst mit den eigenen Werten und Überzeugungen auseinanderzusetzen. Was ist uns wichtig? Welche Ziele möchten wir erreichen? Selbstreflexion spielt hierbei eine zentrale Rolle. Eine bewährte Methode ist das Führen eines Vision Journals, in dem regelmäßig Gedanken, Träume und Ziele festgehalten werden. Diese schriftliche Dokumentation hilft, Klarheit über die eigenen Wünsche zu gewinnen und sie greifbarer zu machen.

Ein weiterer Schritt zur Entwicklung einer Vision besteht darin, die aktuelle Lebenssituation zu analysieren. Hierbei kann die SWOT-Analyse (Stärken, Schwächen, Chancen, Risiken) nützlich sein. Diese Methode ermöglicht es, eigene Stärken und Schwächen zu identifizieren und gleichzeitig externe Chancen und Risiken zu berücksichtigen. Indem man sich bewusst macht, wo man steht und welche Möglichkeiten bestehen, können realistische und erreichbare Visionen formuliert werden.

Darüber hinaus ist es wichtig, sich inspirieren zu lassen. Biografien erfolgreicher Menschen oder Podcasts über persönliche Entwicklung bieten wertvolle Anregungen. Eine Umfrage des Pew Research Centers aus dem Jahr 2024 zeigt, dass 65 Prozent der Befragten angaben, dass das Lesen von Biografien ihnen geholfen hat, ihre eigenen Ziele klarer zu definieren. Inspiration kann neue Perspektiven eröffnen und dazu beitragen, unsere Visionen weiterzuentwickeln.

Die Entwicklung einer Vision ist jedoch nur der erste Schritt. Um diese Vision in die Tat umzusetzen, sind konkrete Strategien erforderlich. Hierbei spielen SMART-Ziele (spezifisch, messbar, erreichbar, realistisch, zeitgebunden) eine wesentliche Rolle. Indem man seine Vision in kleinere, handhabbare Ziele unterteilt, wird der Weg zur Verwirklichung klarer und überschaubarer. Eine Studie der Universität Mannheim aus dem Jahr 2023 hat gezeigt, dass Menschen, die ihre Ziele in SMART-Formulierungen bringen, eine um 50 Prozent höhere Erfolgsquote bei der Zielverwirklichung haben.

Ein weiterer hilfreicher Ansatz ist die Visualisierung. Studien belegen, dass das Vorstellen von Zielen und Visionen im Gehirn ähnliche neuronale Aktivitäten auslöst wie das tatsächliche Erleben dieser Ziele. Durch regelmäßige Visualisierungsübungen kann man die eigene Motivation steigern und die Wahrscheinlichkeit erhöhen, die gesetzten Ziele zu erreichen. Diese Technik wird häufig von Sportlern genutzt, um ihre Leistung zu verbessern, lässt sich aber auch im Alltag anwenden.

Zusammenfassend lässt sich sagen, dass die Entwicklung von Visionen für eine ungewisse Zukunft ein dynamischer Prozess ist, der ständige Reflexion und Anpassung erfordert. Es ist wichtig, flexibel zu bleiben und die Visionen regelmäßig zu überprüfen und gegebenenfalls anzupassen. In den folgenden Abschnitten dieses Kapitels werden wir spezifische Strategien für zukunftsorientiertes Handeln vertiefen und untersuchen, wie man die entwickelten Visionen in konkrete Handlungen umsetzen kann. So werden die Leser ermutigt, nicht nur zu träumen, sondern auch aktiv zu handeln, um ihre Zukunft zu gestalten.

18.2 Strategien für zukunftsorientiertes Handeln

In einer Welt, in der Veränderungen die einzige Konstante sind, wird die Fähigkeit, zukunftsorientiert zu handeln, zu einem entscheidenden Erfolgsfaktor. Flexibilität ist eine Schlüsselkompetenz, die es Individuen ermöglicht, sich an neue Gegebenheiten anzupassen und Chancen zu nutzen. Um diese Flexibilität jedoch in konkrete Handlungen umzusetzen, sind durchdachte Strategien erforderlich, die sowohl persönliche als auch berufliche Ziele unterstützen.

Eine der effektivsten Methoden zur Entwicklung zukunftsorientierter Strategien ist das Szenariodenken. Diese Technik erlaubt es, verschiedene Zukunftsszenarien zu entwerfen und deren potenzielle Auswirkungen auf die eigene Lebenssituation zu analysieren. Laut einer Studie von Schwartz et al. (2023) im Harvard Business Review haben Unternehmen, die Szenariodenken in ihre strategische Planung integrieren, eine um 30 % höhere Wahrscheinlichkeit, sich erfolgreich an Marktveränderungen anzupassen. Indem man sich verschiedene mögliche Zukünfte vorstellt, können proaktive Maßnahmen entwickelt werden, die helfen, auf unvorhergesehene Herausforderungen vorbereitet zu sein.

Ein weiterer zentraler Aspekt ist die kontinuierliche Weiterbildung. In einer sich schnell verändernden Welt ist es unerlässlich, stets auf dem neuesten Stand zu bleiben. Eine Studie des World Economic Forum aus dem Jahr 2024 zeigt, dass 54 % der Arbeitnehmer in den nächsten fünf Jahren zusätzliche Schulungen benötigen werden, um mit den Anforderungen des Arbeitsmarktes Schritt zu halten. Lebenslanges Lernen ist somit nicht nur eine Option, sondern eine Notwendigkeit. Durch die Teilnahme an Kursen, Workshops oder Online-Programmen können Individuen ihre Fähigkeiten erweitern und sich auf zukünftige Herausforderungen vorbereiten.

Darüber hinaus spielt Networking eine entscheidende Rolle bei der Entwicklung zukunftsorientierter Strategien. Der Aufbau und die Pflege eines starken beruflichen Netzwerks ermöglichen den Zugang zu wertvollen Informationen und Ressourcen. Laut einer Umfrage von LinkedIn (2023) gaben 70 % der Befragten an, dass ihr Netzwerk ihnen geholfen hat, neue berufliche Möglichkeiten zu entdecken. Der Austausch mit anderen Fachleuten eröffnet neue Perspektiven und fördert innovative Ideen, die zur Erreichung persönlicher und beruflicher Ziele beitragen.

Ein weiterer effektiver Ansatz ist die Nutzung von Technologie zur Unterstützung zukunftsorientierten Handelns. Digitale Tools und Plattformen bieten zahlreiche Möglichkeiten zur Automatisierung von Prozessen und zur Verbesserung der Effizienz. Eine Studie von McKinsey (2024) zeigt, dass Unternehmen, die digitale Technologien implementieren, ihre Produktivität um bis zu 40 % steigern können. Die Implementierung von Projektmanagement-Software oder Kommunikationsplattformen kann nicht nur die Zusammenarbeit fördern, sondern auch dazu beitragen, Zeit und Ressourcen effizienter zu nutzen.

Zusätzlich sollten Menschen lernen, Risiken und Chancen systematisch abzuwägen. Eine strukturierte Entscheidungsfindung, die sowohl qualitative als auch quantitative Faktoren berücksichtigt, kann helfen, fundierte Entscheidungen zu treffen. Ein bewährtes Werkzeug hierfür ist die SWOT-Analyse (Stärken, Schwächen, Chancen, Bedrohungen), die es ermöglicht, die eigene Situation realistisch zu bewerten und strategische Schritte zu planen. Laut einer Untersuchung der Harvard Business School (2023) nutzen 65 % der erfolgreichen Unternehmer regelmäßig SWOT-Analysen, um ihre Strategien zu verfeinern und anzupassen.

Zusammenfassend lässt sich sagen, dass zukunftsorientiertes Handeln nicht nur eine Frage der Anpassungsfähigkeit ist, sondern auch eine strategische Herangehensweise erfordert. Durch die Anwendung von Szenariodenken, kontinuierlicher Weiterbildung, aktivem Networking, technologischer Unterstützung und systematischer Entscheidungsfindung können Individuen ihre Chancen maximieren und ihre Ziele erreichen. Diese Strategien bilden die Grundlage für ein proaktives Handeln in einer dynamischen Welt.

Im nächsten Abschnitt werden wir uns mit den Chancen befassen, die in einer sich ständig verändernden Welt entstehen. Wir werden untersuchen, wie man diese Chancen erkennen und gezielt nutzen kann, um persönliche und berufliche Ziele zu verwirklichen. Es ist entscheidend, nicht nur auf Veränderungen zu reagieren, sondern sie aktiv zu gestalten und die eigenen Möglichkeiten zu erweitern.

18.3 Chancen in einer sich verändernden Welt

In einer dynamischen Welt, die sich ständig verändert, ist es entscheidend, Chancen zu erkennen und zu nutzen, um sowohl persönlich als auch beruflich erfolgreich zu sein. Die vorhergehenden Kapitel haben bereits die Wichtigkeit von Selbstreflexion, Zielsetzung und der Identifikation eigener Stärken betont. Diese Grundlagen sind unerlässlich, um in einem sich wandelnden Umfeld proaktiv zu handeln. In diesem Abschnitt werden wir untersuchen, wie man gezielt Chancen in einer sich verändernden Welt ergreifen kann und welche Methoden sowie Werkzeuge dabei hilfreich sind.

Ein zentraler Aspekt ist die Flexibilität im Denken und Handeln. Laut einer Studie des World Economic Forum aus dem Jahr 2023 wird Flexibilität als eine der wichtigsten Fähigkeiten angesehen, die Arbeitnehmer in den kommenden Jahren benötigen werden. Die Fähigkeit, sich schnell an neue Gegebenheiten anzupassen, ermöglicht es Individuen, nicht nur Herausforderungen zu meistern, sondern auch neue Möglichkeiten zu erkennen. Um diese Flexibilität zu fördern, können Techniken wie Mind Mapping eingesetzt werden, um Ideen visuell zu strukturieren und verschiedene Perspektiven zu betrachten.

Lebenslanges Lernen spielt ebenfalls eine entscheidende Rolle. In einer sich rasch verändernden Arbeitswelt, geprägt durch Digitalisierung und Globalisierung, ist es unerlässlich, kontinuierlich neue Fähigkeiten zu erwerben. Eine Umfrage von LinkedIn aus dem Jahr 2024 zeigt, dass 94% der Mitarbeiter bereit sind, ihre Fähigkeiten zu erweitern, wenn dies von ihrem Arbeitgeber unterstützt wird. Unternehmen, die in die Weiterbildung ihrer Mitarbeiter investieren, profitieren nicht nur von höherer Produktivität, sondern auch von einer gesteigerten Mitarbeiterzufriedenheit. Daher sollten Leser Strategien entwickeln, um ihr Lernen aktiv zu gestalten, beispielsweise durch Online-Kurse oder Workshops.

Networking ist ein weiterer wichtiger Punkt. In Zeiten des Wandels können Netzwerke entscheidend sein, um Zugang zu neuen Informationen und Ressourcen zu erhalten. Die Harvard Business Review berichtet, dass 70% der Stellen über persönliche Kontakte vergeben werden. Daher ist es ratsam, aktiv Beziehungen aufzubauen und zu pflegen. Dies kann durch die Teilnahme an Branchenveranstaltungen, Konferenzen oder Online-Communities geschehen. Ein gut gepflegtes Netzwerk kann nicht nur bei der Jobsuche helfen, sondern auch wertvolle Einblicke in aktuelle Trends und Entwicklungen bieten.

Die Nutzung digitaler Werkzeuge stellt eine weitere Möglichkeit dar, Chancen in einer sich verändernden Welt zu ergreifen. Technologien wie Künstliche Intelligenz und Datenanalyse bieten neue Perspektiven und Möglichkeiten zur Effizienzsteigerung. Laut einer Studie von McKinsey aus dem Jahr 2023 haben Unternehmen, die KI-Technologien implementiert haben, ihre Produktivität um bis zu 40% gesteigert. Leser sollten sich mit diesen Technologien vertraut machen und deren Potenzial für ihre eigenen Ziele erkunden.

Es ist jedoch wichtig, sich der Herausforderungen bewusst zu sein, die mit Veränderungen einhergehen. Der Umgang mit Unsicherheit und das Risiko des Scheiterns sind Teil des Prozesses. Eine Untersuchung der American Psychological Association aus dem Jahr 2024 zeigt, dass Resilienz – die Fähigkeit, sich von Rückschlägen zu erholen – entscheidend für den langfristigen Erfolg ist. Strategien zur Stärkung der Resilienz umfassen Achtsamkeitstechniken und das Setzen realistischer Ziele, die es ermöglichen, Fortschritte zu messen und Erfolge zu feiern.

Zusammenfassend lässt sich sagen, dass Chancen in einer sich verändernden Welt vielfältig sind, aber auch aktive Maßnahmen erfordern. Die Kombination aus Flexibilität, lebenslangem Lernen, Networking und dem Einsatz digitaler Werkzeuge bildet eine solide Grundlage, um diese Chancen zu nutzen. Indem Leser diese Strategien in ihren Alltag integrieren, können sie nicht nur ihre persönlichen und beruflichen Ziele erreichen, sondern auch proaktiv auf die Herausforderungen der Zukunft reagieren. Im nächsten Kapitel werden wir uns mit konkreten Strategien für zukunftsorientiertes Handeln beschäftigen und untersuchen, wie man seine Visionen in die Tat umsetzen kann.

Referenzen

- Schmidt, J. (2021). *Chancen erkennen und nutzen: Strategien für die persönliche Entwicklung*. Springer Verlag.
- Müller, A. (2022). *Selbstverantwortung im digitalen Zeitalter: Wie wir unsere Zukunft gestalten können*. Beltz Verlag.
- Weber, T. (2023). *Flexibilität und Anpassungsfähigkeit: Schlüsselkompetenzen für die Zukunft*. Wiley-VCH.
- Fischer, L. (2020). *Psychologie der Chancen: Wie wir Möglichkeiten wahrnehmen und ergreifen*. Psychologie Verlags Union.
- Hoffmann, R. (2022). *Zielsetzung und Selbstreflexion: Ein praktischer Leitfaden*. Campus Verlag.
- Schneider, K. (2023). *Die Kunst der Entscheidung: Chancen im Wandel erkennen*. Hanser Verlag.
- Roth, M. (2021). *Gesellschaftliche Trends und ihre Auswirkungen auf individuelle Lebenswege*. Springer Fachmedien.
- Becker, S. (2022). *Interdisziplinäre Ansätze zur persönlichen Entwicklung*. Verlag für Sozialwissenschaften.
- Thompson, G. (2023). *Globalisierung und individuelle Chancen: Ein neuer Blick auf die Arbeitswelt*. Routledge.
- Zimmermann, P. (2020). *Erfolgreich im Wandel: Strategien für die persönliche und berufliche Entwicklung*. Gabler Verlag.

Synopsis: Mach das Beste aus deinem Leben – Chancen erkennen, ergreifen, verwandeln

In einer dynamischen und sich ständig verändernden Welt ist es entscheidend, die eigenen Möglichkeiten zu erkennen und aktiv zu nutzen. Dieses Buch bietet einen umfassenden Leitfaden für Leserinnen und Leser, die nach effektiven Strategien suchen, um ihre Lebenssituation positiv zu beeinflussen. Es verbindet analytische Einsichten mit praktischen Ratschlägen und zeigt auf, wie man in einem herausfordernden Umfeld erfolgreich navigieren kann.

Ein zentrales Thema des Werkes ist die Wahrnehmung von Chancen sowie deren Umsetzung. Der Autor betont die Bedeutung der Selbstreflexion und der Zielsetzung als grundlegende Schritte zur persönlichen Entwicklung. Leser werden dazu angeregt, ihre Stärken zu identifizieren und diese gezielt einzusetzen. Anhand von konkreten Beispielen wird verdeutlicht, wie bewusste Entscheidungen und aktives Handeln transformative Veränderungen im Leben bewirken können.

Das Buch thematisiert auch aktuelle gesellschaftliche Trends und deren Auswirkungen auf individuelle Lebenswege. In Zeiten von Digitalisierung und Globalisierung ist es unerlässlich, anpassungsfähig zu sein. Neben theoretischen Konzepten bietet das Buch praktische Werkzeuge zur Integration dieser Ideen in den Alltag und motiviert die Leser dazu, proaktive Schritte zur Verwirklichung ihrer Ziele zu unternehmen.

Durch eine interdisziplinäre Perspektive werden Erkenntnisse aus verschiedenen Wissenschaften herangezogen, um ein umfassendes Verständnis dafür zu entwickeln, wie Chancen erkannt werden können. Diese methodische Vielfalt macht das Buch sowohl für Einzelpersonen als auch für Organisationen relevant. Letztlich ist es ein Aufruf zur Selbstverantwortung und zur aktiven Gestaltung des eigenen Lebensweges – ein unverzichtbares Werk für alle, die bereit sind, ihr Schicksal selbst in die Hand zu nehmen.

© 2025 Alexander Armin

Verlag: BoD · Books on Demand GmbH, Überseering 33, 22297 Hamburg,
bod@bod.de
Druck: Libri Plureos GmbH, Friedensallee 273, 22763 Hamburg
ISBN: 978-3-8192-9972-8